Egún

La guía definitiva para la veneración ancestral, los guías espirituales, el Odun Egungún, la reencarnación y la espiritualidad yoruba

© Copyright 2024

Todos los derechos reservados. Ninguna parte de este libro puede ser reproducida de ninguna forma sin el permiso escrito del autor. Los revisores pueden citar breves pasajes en las reseñas.

Descargo de responsabilidad: Ninguna parte de esta publicación puede ser reproducida o transmitida de ninguna forma o por ningún medio, mecánico o electrónico, incluyendo fotocopias o grabaciones, o por ningún sistema de almacenamiento y recuperación de información, o transmitida por correo electrónico sin permiso escrito del editor.

Si bien se ha hecho todo lo posible por verificar la información proporcionada en esta publicación, ni el autor ni el editor asumen responsabilidad alguna por los errores, omisiones o interpretaciones contrarias al tema aquí tratado.

Este libro es solo para fines de entretenimiento. Las opiniones expresadas son únicamente las del autor y no deben tomarse como instrucciones u órdenes de expertos. El lector es responsable de sus propias acciones.

La adhesión a todas las leyes y regulaciones aplicables, incluyendo las leyes internacionales, federales, estatales y locales que rigen la concesión de licencias profesionales, las prácticas comerciales, la publicidad y todos los demás aspectos de la realización de negocios en los EE. UU., Canadá, Reino Unido o cualquier otra jurisdicción es responsabilidad exclusiva del comprador o del lector.

Ni el autor ni el editor asumen responsabilidad alguna en nombre del comprador o lector de estos materiales. Cualquier desaire percibido de cualquier individuo u organización es puramente involuntario.

Su regalo gratuito

¡Gracias por descargar este libro! Si desea aprender más acerca de varios temas de espiritualidad, entonces únase a la comunidad de Mari Silva y obtenga el MP3 de meditación guiada para despertar su tercer ojo. Este MP3 de meditación guiada está diseñado para abrir y fortalecer el tercer ojo para que pueda experimentar un estado superior de conciencia.

https://livetolearn.lpages.co/mari-silva-third-eye-meditation-mp3-spanish/

Índice

INTRODUCCIÓN 1
CAPÍTULO 1: CONCEPTOS BÁSICOS DE LA ESPIRITUALIDAD YORUBA 3
CAPÍTULO 2: ORISHÁS, SUS GUÍAS ESPIRITUALES DIVINOS 12
CAPÍTULO 3: CÓMO VENERAR A LOS ORISHÁS 24
CAPÍTULO 4: EGBE, SUS COMPAÑEROS ESPIRITUALES 34
CAPÍTULO 5: LA IMPORTANCIA DE LOS ANTEPASADOS 42
CAPÍTULO 6: EL ODUN EGUNGÚN 50
CAPÍTULO 7: CREACIÓN DE UN ALTAR O SANTUARIO DE EGÚN 58
CAPÍTULO 8: MÁS FORMAS DE VENERAR A SUS ANTEPASADOS 65
CAPÍTULO 9: LA REENCARNACIÓN EN LA FILOSOFÍA YORUBA 74
CAPÍTULO 10: MALDICIONES ANCESTRALES Y CÓMO QUEBRARLAS 85
CONCLUSIÓN 92
GLOSARIO DE TÉRMINOS YORUBA 94
VEA MÁS LIBROS ESCRITOS POR MARI SILVA 100
SU REGALO GRATUITO 101
REFERENCIAS 102

Introducción

Los egún, espíritus de los antepasados, juegan un papel muy importante en la religión yoruba y son muy respetados por su gente. Aprender sobre estos antepasados y sus funciones lo ayudará a comprender mejor sus raíces africanas. Este libro comienza con una introducción a la historia, cultura, estructura y filosofía espiritual de la religión yoruba. También nos adentramos a la creación del mundo, una parte importante de cualquier religión. Explicamos el mito de la creación yoruba y presentamos a la deidad principal, Olodumare. También aprenderá sobre algunos de los conceptos básicos de la religión, como la reencarnación y la vida después de la muerte.

A continuación, explicaremos a los orishás, que desempeñan un papel importante en el culto a los antepasados. El segundo capítulo hablará sobre las diferentes entidades y aclarará algunos conceptos erróneos. También brindaremos historias interesantes sobre los orishás más conocidos para ayudarlo a comprender sus personalidades y poderes. Después de conocer a los orishás y sus propósitos, el libro expondrá información detallada sobre cómo honrarlos y cómo saber si un Orishá está tratando de comunicarse con usted.

Otro tipo de espíritu es el egbe, que puede proporcionar orientación y apoyo. El libro explicará el concepto del Egbe, sus diversos tipos y en qué se diferencia de los espíritus de los antepasados. También descubrirá cómo estos espíritus pueden ayudarlo a conectarse con sus antepasados.

El libro también responderá a preguntas más comunes sobre estos temas. ¿Por qué los antepasados son tan importantes en la religión yoruba? Aprenderá sobre el Egungún y su importancia. También incluiremos consejos y trucos para ayudarlo a identificar a sus antepasados. La gente yoruba muestra su amor y respeto por sus antepasados celebrándolos en un festival dedicado a ellos. Le daremos toda la información necesaria sobre este festival, incluyendo su origen y cómo celebrarlo.

Luego, aprenderá los mejores métodos para venerar a los egúns, como la construcción de un altar. Encontrará instrucciones paso a paso sobre cómo construir un altar y otros detalles relevantes, como su ubicación y sus cuidados. El libro también introducirá otros métodos, como la meditación y el canto.

La reencarnación es un concepto popular en muchas culturas. Sin embargo, el pueblo yoruba tiene una comprensión diferente de este concepto que la de las culturas occidentales. Explicaremos su lugar en la religión yoruba y cómo se relaciona con los espíritus de los antepasados. El último capítulo del libro cubrirá las maldiciones ancestrales, sus razones y las mejores maneras de quebrarlas.

El tema de la veneración de los antepasados puede ser complicado para los principiantes. Nos aseguramos de usar un lenguaje simple para evitar confundir al lector y facilitar su comprensión. El libro también incluye métodos e instrucciones paso a paso, para que no tenga que buscar en otro lado al comenzar este viaje de conocimiento.

Adéntrese en el mundo de los antiguos antepasados africanos y conozca sus raíces.

Capítulo 1: Conceptos básicos de la espiritualidad yoruba

El Egún (culto ancestral) es un concepto fundamental en yoruba. Antes de profundizar en la práctica en sí, primero debe familiarizarse con esta religión. Este capítulo le presentará los antecedentes culturales e históricos, la filosofía espiritual y las creencias de los yorubas. Además de la importancia del egún, también conoceremos otras prácticas yorubas, como su proceso de iniciación y cultos a sus deidades.

Bailarines yoruba
Ayo Adewunmi, CC BY-SA 4.0< https://creativecommons.org/licenses/by-sa/4.0 >, a través de Wikimedia Commons https://commons.wikimedia.org/wiki/File:Ayo_Adewunmi_-_Yoruba_Dancers.jpg

Antecedentes de la religión yoruba

Hace miles de años, se desarrolló un sistema de creencias único en África Occidental. Las creencias yorubas surgen de un pequeño grupo étnico en Nigeria y se convierten en un conjunto de conceptos altamente espirituales. Sus seguidores creen que las almas humanas pasan por un ciclo llamado Ayanmo, que determina su destino en la próxima vida en un nuevo cuerpo físico. Además, según los yorubas, una persona puede elegir su propio destino. Pueden controlar cómo fluirá su vida actual y cómo evolucionarán espiritualmente sus vidas posteriores. En cada vida, la persona puede crear todos los aspectos futuros de su alma mucho antes de que el alma renazca en la nueva vida. Elige desde el lugar donde vivirá, su propósito en la vida, y hasta su propia muerte. Todo puede estar predeterminado por las decisiones que tome una persona en su vida actual.

Las antiguas tradiciones yorubas se transmitieron de manera oral, y fueron modificándose con el tiempo. También fueron influenciadas por otras religiones y por las migraciones antes de las dinastías egipcias y durante el comercio transatlántico de esclavos. En consecuencia, las antiguas creencias yoruba se han convertido en un sistema religioso generalizado. Hoy en día, las personas que viven en Tobago, Trinidad, República Dominicana, Brasil, Cuba, Puerto Rico, Venezuela, e incluso América del Norte, practican activamente la religión o se esfuerzan por volver a sus raíces africanas y explorar la espiritualidad yoruba.

Existe una amplia gama de prácticas espirituales yoruba bajo diferentes nombres. En África, algunos de estos todavía se practican en su forma más pura. Mientras tanto, la diversidad de prácticas culturales en el Nuevo Mundo muestra ligeras diferencias con su religión de origen. Algunas variantes se han convertido en nuevas religiones, como la Santería y el Candomblé. En esta religión, las divinidades del panteón yoruba se identifican con los santos católicos romanos. Sin embargo, al igual que con los yoruba, la unión solo es posible después de un período de iniciación particular.

El mito de la creación yoruba

Los yoruba tienen una historia única y elaborada sobre la creación de la vida en la Tierra. Según las creencias antiguas, todo comenzó cuando Obatalá (un notable Orishá) le preguntó a Olodumare, el Dios supremo, si podía crear vida en la Tierra. En ese momento, la Tierra era una tierra estéril cubierta de agua. Obatalá quería crear partes de tierra en medio del agua. Curioso por la inusual petición, el Supremo le permitió a Obatalá asumir esta tarea. Antes de su viaje, Obatalá consultó con otros orishás y se enteró de que necesitaría reunir algunas cosas: una cadena de oro lo suficientemente larga como para llegar al agua, arena, un gato negro, una gallina, nueces, semillas y unas conchas de caracol. Luego, fijó la cadena y comenzó su descenso. En el camino, se dio cuenta de que la cadena no era lo suficientemente larga como para llegar a la Tierra. Pensando rápidamente durante su descenso, soltó la arena de la bolsa, las semillas y la gallina. A medida que la gallina esparcía las semillas, creaba las montañas y los valles de la tierra seca recién formada. Al llegar a la parcela de tierra, Obatalá la llamó Ife y comenzó a convertirla en su hogar. Plantó la nuez de palma, que se convirtió en un gran árbol con semillas.

Obatalá utilizó las nuevas plántulas para hacer más palmeras para refugiarse y bebidas como el vino de palma. Tenía un gato de compañía, pero con el tiempo, comenzó a sentirse solo. Un día, mientras bebía vino, tuvo la idea de hacer figuras de arcilla. Al principio, no sabía cómo darles forma, pero después de ver su propia cara en un lago, decidió hacerlos a su imagen y semejanza. Cuando terminó, le pidió al Supremo que otorgara vida a aquellas formas. Así se crearon las personas. El hecho de que las figuras se crearan a mano explica la diversidad de la población humana. Más tarde, la gente también fue bendecida con ashé, la fuerza que comparten todos los seres vivos. Las otras deidades visitaban a Obatalá con frecuencia, y aunque la mayoría estaba fascinada con su trabajo, no todos estaban contentos con sus creaciones. Olokun, la gobernante del mundo del agua, estaba particularmente disgustada por los nuevos seres que se apoderaban de su reino. Un día, esperó que Obatalá dejara la Tierra para visitar a los otros Orishás y decidió poner fin a la nueva civilización. Envió una ola tan alta que arrastró todo lo construido por la gente hasta entonces Los humanos que sobrevivieron pedían ayuda al Supremo. Olodumare se apiadó de ellos y acabó con el diluvio haciendo aparecer una nueva parcela de tierra.

Principales creencias yoruba

De acuerdo con las enseñanzas yoruba nacidas en Ife, la vida y la muerte son pequeños elementos de un ciclo continuo. A través de este ciclo, las almas humanas ocupan diferentes cuerpos físicos en cada vida. Mientras tanto, viviendo en cada cuerpo y siguiendo el camino correcto, el espíritu evoluciona lentamente hacia la trascendencia eterna.

La espiritualidad yoruba reconoce que las personas aprenden sobre su destino a través del autoconocimiento y el crecimiento. También explica que cuando un alma renace en un nuevo cuerpo físico, no recuerda conscientemente ningún plan de elevación espiritual de la vida anterior. Sin embargo, según las creencias yorubas, esta sabiduría puede recuperarse del subconsciente (donde está oculta) y añadirse al nuevo conocimiento que el espíritu gana en su vida actual. Se necesita esfuerzo, lucha y aprendizaje para tener éxito en mantenerse fiel a uno mismo. Todo esto se hace para que el alma recuerde su destino. Si una persona recupera la sabiduría y aprende nuevas verdades, puede reclamar el futuro que desea tener.

Otras creencias de las personas en Ife incluyen la adivinación, la posesión espiritual, los sacrificios de animales y la iniciación. Estas prácticas prevalecen en la vida de los seguidores de la religión yoruba y sus descendientes.

Olodumare

Los practicantes yoruba pueden adoptar diferentes enfoques, incluido comunicarse con Olodumare, el Dios supremo que gobierna los cielos y las tierras. Olodumare es el creador del mundo y vive en su reino lejano. Este es el ser que acepta a todos los espíritus merecedores. Olodumare trasciende géneros y es la fuente última de energía divina, representando el poder que puede influir en el destino de cada espíritu. Para lograr sus planes, una persona debe pensar, sentir y comportarse de una manera que se parezca a Olodumare. Se necesita un acto consciente para ser la mejor versión de uno mismo y ser digno de la aceptación del Creador. Esto tiene que continuar a través de cada ciclo de vida, para alcanzar el crecimiento espiritual. Para demostrar que su alma merece ser elevada al siguiente nivel y continuar aprendiendo en su próxima vida, precisa crecer y desarrollarse espiritualmente. Después de muchos ciclos de vida, muerte y renacimiento, se espera que los espíritus humanos se vuelvan uno con el espíritu del Supremo. Esto les permite alcanzar la trascendencia y volverse inmortales.

A través de las diferentes tradiciones yorubas, Olodumare también se llama Olorun, Oluwa y Eleda. Cualquiera que sea el nombre con el que se conozca a esta entidad, todos son venerados por el mismo poder incuestionable y el estatus inmortal. Ninguna de estas entidades tiene un lugar centralizado para el culto, sino que se honra en las acciones cotidianas y las celebraciones únicas que realizan las familias y las comunidades yorubas. Lo que todas estas formas de veneración tienen en común es que todas reconocen a Olodumare como la máxima autoridad. Según los yorubas, nada sucede sin la bendición del Creador. Si las personas quieren algo específico, primero deben obtener la aprobación del Creador. Esta es la razón principal por la que el pueblo yoruba celebra diferentes ceremonias.

Los orishás

Con el tiempo, más y más personas en Ife comenzaron a seguir esta filosofía. Algunos incluso llevaban estas creencias cuando se mudaban. A medida que crecía el número de seguidores, se invocaba cada vez más al Supremo. Así, para facilitar la comunicación entre Olodumare y sus fieles seguidores, se crearon nuevos mediadores. Estas entidades son conocidas como los orishás, y pueden ayudar enormemente a aquellos que desean alcanzar la conciencia divina. Tienen la misma cualidad inmortal que su creador, aunque ejercen un poco menos de poder. Algunos orishás han estado presentes desde el principio de los tiempos y provienen directamente de la línea de Obatalá. Mientras que otros fueron almas humanas que han alcanzado con éxito la trascendencia. A diferencia de su creador, los orishás no son perfectos, y todos responden a Olodumare con sus acciones.

Veneración ancestral

Otra forma de obtener sabiduría espiritual es interactuando con almas ancestrales y otros espíritus de la naturaleza. Junto con las esencias benevolentes, también se cree que los espíritus de los antepasados permanecen en este mundo. Cuidan a los miembros de su familia y los guían a través de los obstáculos de la vida hasta que estén listos para rejuvenecerse nuevamente. Los yoruba creen que el espíritu de un antepasado renace en un niño de la misma familia, de ahí las costumbres de nombres tradicionales. Estos antepasados siempre son recordados y mencionados en las conversaciones cotidianas de la misma manera que cuando estaban vivos.

Además, se puede mantener comunicación con ellos, pidiéndoles ocasionalmente que eviten situaciones peligrosas y comportamientos corruptos. Como un acto de gratitud por su protección, los espíritus ancestrales son honrados a través de celebraciones comunales. Consultando su ascendencia, una persona puede aprender mucho sobre su propio destino. Los antepasados a menudo pueden proporcionar pistas sobre los planes de un alma en sus vidas anteriores, lo que ayuda a recordarlos.

Ajogún

Los ajogún son seres que representan las fuerzas negativas de la naturaleza y pueden causar todo tipo de percances en la vida. Estas criaturas demoníacas pueden ser responsables de muchos obstáculos, desde accidentes hasta enfermedades e incluso problemas con las conexiones sociales. Esta es esencialmente la forma en que la religión tradicional yoruba describe casi todos los peligros, enfermedades o desgracias: personas hechizadas o poseídas por un espíritu maligno. Para curarse, estas personas visitan a un sacerdote para realizar rituales de adivinación para aprender por qué el ajogún los ha atacado. Si es posible, el sacerdote o sacerdotisa les aconsejará sobre cómo evitar cualquier molestia.

Ashé

Ashé es una fuerza interna de humanos, elementos naturales, orishás y deidades. Esta fuerza es similar a la forma natural de energía llamada Qi (también conocida como Chi) en la medicina tradicional china y otras tradiciones espirituales orientales. Si podemos alcanzarlo, este poder puede determinar nuestro destino empujándonos en dirección al bien o al mal. Cuando está contenido en elementos naturales como el rayo, la lluvia, el viento o incluso la sangre, su carácter estará completamente determinado por el Supremo. En los humanos, puede verse influido, lo que a menudo comienza al momento de nacer, al darle a un niño un nombre particular. Los yoruba creen que el Ashé puede promover el cambio, positivo y negativo, por lo que es importante comenzar a dirigirlo hacia resultados positivos lo antes posible.

Otras creencias yoruba

Aparte de la veneración de las deidades, los antepasados y el espíritu divino, los yoruba tienen muchas otras creencias. Por ejemplo:

Reencarnación

Además de tener una existencia productiva y generosa para lograr metas personales en la vida, la espiritualidad yoruba también enfatiza el papel de un espíritu superior en la reencarnación. Esto separa a los yorubas de muchas otras religiones, donde el énfasis se pone en la salvación en el más allá. Según las enseñanzas yorubas, ser una buena persona es necesario si uno quiere que su alma renazca. Como la mayoría de los seguidores esperan ganarse el privilegio de la reencarnación, tratarán de ser compasivos y amables en su vida actual. Saben que a las almas de los engañadores se les negará la transmutación y no tendrán la oportunidad de regresar en la próxima vida. Esto se aplica a las personas que no son amables consigo y se hieren a sí mismas. Los espíritus que regresan renacen en los cuerpos de los niños nacidos sus familias. Este concepto de reencarnación familiar se conoce como atunwa y es la razón principal por la que los niños yorubas reciben varios nombres que pertenecen a sus antepasados.

Poderes misteriosos

Las creencias yorubas también apuntan a fuerzas misteriosas asociadas con la brujería, la medicina, la magia, la hechicería y la magia sucia. Los poderes asociados con la brujería se llaman osonga, eye y aje. A menudo se ven como fuerzas negativas. Ellos, junto con oso, oogun buburu y oogun ika (los poderes vinculados a la hechicería), se utilizan para dañar a alguien o evitar que alcance sus objetivos. Mientras que isegún, oogun y egbogi (las fuerzas asociadas con la medicina y la magia) se consideran buenas influencias. Para los yorubas, la medicina y la magia son intercambiables debido a las numerosas creencias populares sobre el poder curativo de la naturaleza.

Prácticas espirituales yoruba

Debido a la increíble expansión de la espiritualidad yoruba y su frecuente connivencia con otras religiones, las alteraciones en sus prácticas eran inevitables. Un pequeño número de devotos en Nigeria todavía siguen la religión tradicional de sus antepasados, que incluye honrar a las deidades y los orishás en la vida cotidiana y participar de rituales y festividades. En el panteón yoruba se ofrecen sacrificios a las deidades, a quienes se les pide que influyan en la naturaleza para favorecer la siembra, la caza y la cosecha. Los festivales religiosos yoruba a menudo contienen recreaciones de las antiguas leyendas sobre la creación de la vida, los destinos de los antepasados y los viajes espirituales.

Las razones para los festivales y rituales religiosos yoruba incluyen el nacimiento, los matrimonios y honrar a los muertos. La iniciación en la religión, la limpieza y otros ritos también son comunes en la vida de los yoruba. Ofrecen homenaje a sus antepasados en cuerpo y espíritu.

Durante los cultos ancestrales, se pueden celebrar líneas familiares enteras expresando las ideas espirituales y los rasgos de personalidad de los vivos y sus antepasados. Para la mayoría de las ceremonias comunitarias, los yoruba usan vestidos tradicionales y bailan al ritmo de tambores y cantos. Dependiendo del tipo de ritual o ceremonia que estén realizando, el sumo sacerdote o sacerdotisa usa ropa diferente para distinguirse del resto de la comunidad. A menudo invocan a los Orishás a través de un estado de trance. Para esto, también usan protección hecha con materiales naturales (protectores mágicos) como hojas de palma y plumas. Las tradiciones religiosas yoruba se crearon parcialmente para promover conexiones espirituales dentro de toda la comunidad. Alienta a las familias a ayudarse con alimentos, ropa y muchas otras cosas.

Uno de los rituales yoruba más conocidos para honrar a las deidades es la celebración de la cosecha del ñame. Como homenaje a Ifá, el Dios de la sabiduría y el trabajo duro, se hace un sacrificio cortando el nuevo ñame. A esto le sigue una gran fiesta llena de alegría. Al final de cada año, los yorubas rezan a Olodumare y a los Orishás para que los protejan en el año siguiente. En el festival anual de Ogún, los sacerdotes yorubas prometen permanecer célibes, abstenerse de ciertos alimentos y dejar de luchar para demostrar su valía a Ogún. En este festival, los yoruba también ofrecen aceite de palma, nueces de kola y caracoles para agradar y atraer a Ogún.

Adivinación

Los sacerdotes y sacerdotisas yorubas pasan muchos años aprendiendo a comunicarse con el reino espiritual y aprovechar su sabiduría durante las prácticas adivinatorias. Aprenden a conseguir información sobre influencias y resultados pasados, presentes y futuros. A quienes pueden lograr esto se los llama "Iyalawo" (traducido como "madre de los secretos") y "Babalawo" (que significa "padre de los secretos"). Pueden interceder entre el resto de la comunidad y los espíritus y deidades. Se enteran de secretos que nadie más en la comunidad puede revelar. Pueden responder preguntas sobre cualquier aspecto de la vida por sí mismos, sus familias o cualquier otra persona en la comunidad. Más allá de su sabiduría y entrenamiento, los adivinos yoruba no poseen ningún poder extraordinario. Son personas comunes que pueden acceder a las profecías y aconsejar a otros sobre su Ashé. Revelan la información en varias oraciones, hechizos o poemas tradicionales, que aprenden en su entrenamiento.

Iniciación, devoción y capacitación

Para convertirse en un seguidor de la religión yoruba, uno debe iniciarse. En comunidades grandes, esto lo hace un miembro de la familia. Hay diferentes rangos dentro de cada familia, dependiendo de los niveles de experiencia. Los miembros de menor rango son los que aún no se han iniciado, generalmente niños entre cinco a siete años. Luego están los iniciados, los devotos y sus padrinos (una pareja propone la iniciación de una persona y los ayuda en el proceso). Luego, están los sacerdotes y sacerdotisas, y finalmente, los sumos sacerdotes y sacerdotisas. Estos últimos pueden iniciar personas que no sean descendientes directos de la familia, pero que tienen conexión con las tradiciones yoruba. Las personas que sienten el llamado a seguir las creencias ancestrales por el espíritu de Ifá también pueden iniciarse en la religión.

Las prácticas yoruba de todo el mundo tienen diferentes reglas para esta iniciación. En Nigeria, la iniciación dura siete días y es seguida por un periodo de formación de un año. Al comienzo, el sacerdote y la sacerdotisa le dan al iniciado un collar hecho de hierbas secas. Esto le otorga a la persona la protección de Ifá. También ayuda a invocar el espíritu de Ifá para ayudar en el resto del proceso. Luego, los involucrados en la ceremonia pondrán al iniciado en un estado de trance a través de tambores, cantos y bailes, que duran varias horas. Esto se repite varias veces durante la semana de iniciación, junto con oraciones y otras funciones comunitarias. La persona que pasó por la iniciación se llama "aleyo". En este momento ascienden a un nivel más alto de conciencia y comienzan su camino hacia Olodumare.

Además de reunir a la comunidad, los ritos de iniciación y otras ceremonias yoruba también tienen otras funciones sociales. Promueven valores tradicionales entre los miembros más jóvenes y ayudan a preservar la cultura para las generaciones futuras. Es por eso que aquellos que se alejan y se encuentran con otras religiones se mantienen fieles a sus raíces yoruba y coexisten pacíficamente con los seguidores de otros sistemas de creencias.

Capítulo 2: Orishás, sus guías espirituales divinos

Es imposible hablar sobre Egún o la religión yoruba sin mencionar a los Orishás. Los orishás u orishás tienen un papel muy importante en la fe yoruba, ya que actúan como intermediarios entre Olodumare, la deidad suprema, y la humanidad. La palabra "orishá" proviene del idioma yoruba, "ori" significa "cabeza humana". Según el pueblo yoruba, el "ori" actúa como un recipiente para otro "ori", que es una cabeza interna invisible o el espíritu humano como centro de la personalidad. La gente yoruba cree que el espíritu humano proviene de Dios, que influye en la personalidad y el destino de uno.

Los orishás son seres sobrenaturales con características humanas
Daderot, CC0, a través de Wikimedia Commons
https://commons.wikimedia.org/wiki/File:Pottery_shrine_piece,_Ibo_-_African_objects_in_the_American_Museum_of_Natural_History_-_DSC05998.JPG

Los orishás son seres divinos o sobrenaturales. Existe la idea errónea de que los orishás son dioses, especialmente porque el pueblo yoruba a menudo se refiere a ellos como deidades. Llamarlos dioses no es exacto, ya que estos seres son mucho más complejos. Son manifestaciones de Olodumare, pero el concepto de un orishá es más que el de una deidad. Los orishás gobiernan en toda la naturaleza, y solo puede entenderlos observando sus fuerzas en acción.

El pueblo yoruba cree que Olodumare creó a los orishás porque no podía interactuar directamente con la humanidad. La mente humana es tan simple que no puede comprender a Olodumare o lo que representa. Entonces, creó a los orishás como partes de sí mismo para actuar como sus emisarios. Le dio a cada orishá un poder o influencia. Distribuyó aleatoriamente sus poderes y los arrojó aire. Cualquier poder que un orishá atrapara sería suyo. Sin embargo, los orishás no querían usar sus poderes para ayudar a Olodumare a crear el universo. En cambio, los usaban para su propio beneficio personal. Solo el orishá Oduduwa ayudó a Olodumare con la creación, y fue él quien creó a la gente yoruba. Esto convierte a Oduduwa en uno de los orishás más importantes. Sin embargo, otra versión del mito de la creación cuenta sobre la ayuda de otros orishás. Dieciséis orishás masculinos y una orishá femenina bajaron para terminar lo que Olodumare había comenzado.

Los orishás son muy importantes en la religión yoruba, y ocupan el segundo lugar en la jerarquía divina, justo después de Olodumare. Hay alrededor de 401 orishás masculinos y femeninos en total. Cada uno es diferente, con sus propios intereses, debilidades, fortalezas y personalidad única. Tienen características humanas: se enojan, se molestan, son felices, anhelan poder, etc.

Por esta razón, la humanidad siempre se ha sentido cercana a estas entidades, ya que pueden relacionarse con ellas más que con los dioses. Los orishás también participan en la vida cotidiana de las personas y brindan asistencia cuando es necesario. Son venerados hasta el día de hoy, y la gente los invoca en sus rituales para pedir orientación e iluminación.

Aunque los orishás están destinados a ayudar a las personas, pueden causar problemas involuntariamente. Son seres imperfectos y defectuosos, al igual que la humanidad. Los orishás enfrentan las mismas luchas que los seres humanos. Una parte de ellos quiere hacer el bien y ayudar a los demás, mientras que otra parte cede a las tentaciones. Al igual que nosotros, los orishás tienen ego y debilidades que se interponen entre su sentido del deber y sus deseos personales.

Tipos de orishás

Los eruditos nigerianos han categorizado a los orishás en tres tipos: ancestros, fuerzas de la naturaleza y divinidades primordiales.

Ancestros

Se refiere a los espíritus que impactaron enormemente a la humanidad cuando estaban vivos. Estos antepasados desempeñaron un papel importante en su sociedad. Eran valientes soldados, bellos reyes, héroes y heroínas cuyos nombres vivirían para siempre en la mitología yoruba. Establecieron el control sobre las fuerzas de la naturaleza haciendo sacrificios y ofrendas y usaron su poder destructivo contra sus enemigos y sus poderes benéficos para ayudar a las personas. Según las creencias yorubas, los antepasados ascendieron a los cielos o se hundieron en el suelo y se convirtieron en orishás.

Fuerzas naturales

El pueblo yoruba cree que cualquier elemento de la naturaleza tiene su propio espíritu. Los más poderosos y distinguidos de estos espíritus son los orishás. Los espíritus de los lagos, montañas, ríos, vientos o árboles son todos orishás. Sin embargo, los orishás no representan la totalidad de la fuerza natural. Los orishás son los espíritus del aspecto controlable y disciplinado que los practicantes y las personas pueden usar en sus rituales.

Divinidades primordiales

Los orishás de las divinidades primordiales son el tipo más antiguo, ya que preexistieron a la creación misma. Salieron de lo divino y vinieron directamente del cielo. Algunos habitaron la tierra antes que la humanidad y ahora se han convertido en seres sagrados.

Hay un gran número de orishás, y este capítulo se centrará en los más importantes dentro de la religión yoruba.

Eleguá

Eleguá o Eshú es el orishá de la travesura y el engaño, similar a Loki de la mitología nórdica y las películas de Marvel. Tiene una naturaleza infantil y le gusta bailar y hacer bromas a la gente. A diferencia de Loki, Eleguá es un orishá amable que proporciona protección en lugar de causar daño. Protege los hogares de las personas que le presentan ofrendas evitando las fuerzas del mal. Eleguá no es un orishá malvado, pero anhela atención. Castiga a aquellos que no se dan cuenta de su presencia. También comparte similitudes con el dios griego Hermes, ya que ambos actúan como mensajeros entre la humanidad y el otro mundo (el mundo de los espíritus, y en este caso, de los orishás). Aunque es un burlador, Eleguá es uno de los orishás más poderosos. Durante cualquier ritual o ceremonia, su nombre siempre se invoca primero. Es el guardián de los orishás y se requiere su permiso antes de comunicarte con ellos o con los antepasados.

Eleguá es el orishá de la travesura y el engaño
Happycheetha32, CC BY-SA 4.0< https://creativecommons.org/licenses/by-sa/4.0 >, a través de Wikimedia Commons https://commons.wikimedia.org/wiki/File:Ellegua.jpg

Se manifiesta como un anciano o un niño pequeño. Esta contradicción representa su asociación con el comienzo y el final de la vida. Es un protector y guerrero vestido de negro y rojo, que es la imagen que a menudo adopta para aparecerse. Sus ofrendas favoritas son los dulces, sombreros de paja, cigarros, juguetes, monedas de plata, maíz tostado, pescado ahumado y coco. Está asociado con el número tres y los colores negro y rojo. El mejor momento para presentarle ofrendas es los lunes. Eleguá está asociado con el sacerdote católico San Antonio de Padua.

Eleguá era uno de los orishás favoritos de Olodumare porque le salvó la vida. Los orishás tenían cualidades humanas y sucumbían a la tentación. En una historia, los orishás, hambrientos de más poder, decidieron que deberían gobernar a la humanidad en lugar de Olodumare, que se estaba poniendo viejo. Creían que eran más aptos para gobernar, ya que ya estaban involucrados con la humanidad. Olodumare tenían terror a los ratones, y los orishás decidieron matarlo de miedo. Los orishás planearon todo, pero olvidaron decírselo a Eleguá. El tramposo orishá estaba al tanto de las intenciones de los otros porque él era el guardián y estaba parado en la puerta escuchando. Sin embargo, no informó a Olodumare de la traición de los orishás. Olodumare llegó a la cabaña de los orishás y encontró cientos de ratones. Estaba aterrorizado, pero los orishás habían cerrado la puerta y no había salida.

Eleguá acudió en ayuda de Olodumare. Calmó a la deidad y devoró a todos los ratones. Olodumare estaba enojado y decepcionado y exigió saber quién estaba detrás de esta traición. Eleguá le dio los nombres de todos los orishás involucrados, y todos fueron castigados en el acto. Olodumare estaba agradecido por el heroísmo de Eleguá y mostró su aprecio al darle la libertad de hacer lo que quisiera con quien quisiera sin sufrir ninguna consecuencia. Esto le permitió realizar todas las travesuras y trucos que deseaba, sin responder a nadie.

Obatalá

Obatalá fue el orishá que ayudó a Olodumare a crear el universo al crear la tierra y la raza humana y es el padre de los orishás y el cielo. Fue el primer orishá creado por Olodumare, lo que lo convierte en el más antiguo. Él es el orishá de la moralidad, la luz y la pureza espiritual. Obatalá aparece en forma humana vestido de blanco, ya que está asociado con la pureza y a menudo se le conoce como el rey de la paz. Es responsable de todo lo que sucede en la mente humana, incluidos los sueños y los pensamientos. Se le asocia con símbolos de paz, como la rama de olivo, la paloma blanca y el color blanco. Su número favorito es el ocho y se celebra el 24 de septiembre. Está vinculado a la virgen católica de la Misericordia. Sus productos favoritos incluyen manteca de cacao, huevos de mármol, algodón, guisantes ojo negro, arroz blanco, arroz con leche, natilla blanca, batatas, peras y granadas. Nunca coloque sal en ninguna de sus ofrendas. Obatalá se manifiesta en muchas formas, tanto masculinas como femeninas.

Obatalá colaboró en la creación del universo
Isha, CC BY 3.0< https://creativecommons.org/licenses/by/3.0 >, a través de Wikimedia Commons https://commons.wikimedia.org/wiki/File:Oxal%C3%A1.jpg

Olodumare envió a Obatalá a la tierra para que fuera su rey. Obatalá fue la elección correcta para ese rol debido a su naturaleza sabia, tranquila y comprensiva. Era un orishá que despreciaba la obscenidad y exigía respeto. Los seguidores de Obatalá nunca deben aparecer desnudos, maldecir en su presencia o beber alcohol. Las personas invocan a Obatalá para protegerse de la demencia, la parálisis y la ceguera. Es un orishá muy cariñoso y paciente si respeta y obedece sus reglas.

Una de las famosas historias de Obatalá cuenta sobre una pelea entre él y Eleguá. Un día, ambos orishás tuvieron una intensa discusión sobre cuál era el orishá más antiguo de todos los tiempos. La discusión se convirtió en una pelea física. Obatalá era más fuerte que Eleguá y lo derribó varias veces, pero Eleguá estaba decidido y seguía levantándose. Ninguno de los orishás usó su magia. Sin embargo, las personas que observaban la pelea estaban desconcertadas de que el orishá del engaño no usara su magia, y le sugirieron que lo hiciera pronto, ya que estaba claramente en desventaja contra el poderoso Obatalá. Eleguá siguió su consejo y usó su magia. Realizó un truco que hizo desaparecer el color de la piel de Obatalá. Obatalá se convirtió en albino. Sin embargo, el truco de magia de Eleguá no lo ayudó, ya que ambos orishás siguieron luchando y Obatalá finalmente ganó. Esta historia también muestra cómo Obatalá se convirtió en el protector del pueblo albino.

Ogún

Ogún es el orishá del hierro y la guerra. Es un guerrero valiente, generalmente invocado por guerreros, herreros y cazadores. Está asociado con las montañas y las armas. Ogún es representado como un herrero que lleva una vida solitaria en los bosques. Según los mitos yorubas, Ogún era hijo de Obatalá y descendió a la tierra con el resto de los orishás. A cada orishá se le asignó una tarea, y la tarea de Ogún era limpiar los bosques con su machete. Es el patrón de soldados, cirujanos, mecánicos y todas las personas que trabajan con metales. Puede realizar actos violentos, pero también tiene un lado amable y tierno. Al igual que Eleguá, la gente lo invoca para proteger sus hogares de cualquier daño. Se asocia con los números tres y siete y se celebra el 29 de junio. Sus productos favoritos incluyen cigarros, aceite de palma, batatas tostadas, frijoles blancos, maíz tostado y pescado ahumado. Está asociado con los perros y los colores negro, rojo y verde. Está vinculado al católico San Pedro. Como resultado de su naturaleza destructiva, el pueblo yoruba tiene miedo de Ogún. Sin embargo, Ogún solo castiga a los que rompen las reglas de la naturaleza, y es muy protector con sus seguidores.

La razón detrás de la solitaria existencia de Ogún era que estaba enamorado de su madre, Yemu. Eleguá siempre interfería para evitar que Ogún cediera a su afecto. Cuando Obatalá se enteró, quiso castigar a su hijo, pero Ogún se hizo cargo y se maldijo a sí mismo. Viviría eternamente solo en los bosques trabajando todo el día. Ogún tuvo una existencia miserable, ya que estaba solo, y nadie lo visitaba excepto su hermano Oshosi. Ogún estaba consumido por su miseria y desconsolado por pasar la eternidad lejos de la mujer que amaba, y decidió que todo el mundo también debería vivir en la miseria. Esparció un polvo mágico por toda la tierra para crear dolor y conflicto. Cuando Oshún, la orishá del amor, se dio cuenta de lo que Ogún estaba haciendo, decidió interferir. Oshún era una orishá muy bella, y usó su belleza para seducir a Ogún. Su plan funcionó, y Ogún ya no se sentía miserable. También estuvo casado con Oyá, la orishá de los muertos, durante algún tiempo, pero ella lo engañó con Shangó, orishá del trueno.

Shangó

Changó o Shangó es el orishá del trueno y la iluminación, similar al dios nórdico Thor. Shangó, en su forma humana, era un rey. Se le permitió casarse con más de un orishá, ya que los reyes tenían este tipo de libertad. Estaba casado con tres orishás: Obá, Oyá y Oshún. Shangó es el patrón del baile, la percusión y la música. No es de extrañar que Shangó lograra que tres orishás se enamoraran de él, ya que es un símbolo de pasión y belleza masculina. También es encantador y mujeriego. Shangó es líder innato y no le gusta recibir órdenes. También es inteligente, valiente, orgulloso, justo, trabajador y un guerrero feroz. Al igual que otros orishás, Shangó tenía defectos. Puede ser arrogante, mentiroso, dominante, violento, impulsivo y manipulador.

Shangó es el orishá del trueno y del relámpago

Cliff1066, CC BY 2.0< https://creativecommons.org/licenses/by/2.0 >, a través de Wikimedia Commons https://commons.wikimedia.org/wiki/File:Yoruba_Shango.jpg

Shangó se asocia con los colores blanco y rojo, y el número seis. Está vinculado a la santa católica Santa Bárbara. Tanto él como Santa Bárbara se celebran el 4 de diciembre. Las ofrendas favoritas de Shangó incluyen quimbombó, aceite de palma rojo y bananas. Se le representa con una camisa roja y pantalones rojos de satén.

Según las leyendas yorubas, un día, Shangó estaba tan enojado que accidentalmente usó su poder del trueno y quemó a algunas de sus esposas e hijos. Con el corazón roto y arrepentido, Shangó no pudo soportar más el dolor y se ahorcó. Sus enemigos se aprovecharon de su muerte y causaron estragos en su reino. Sin embargo, sus enemigos fueron alcanzados por un rayo, por lo que Shangó se convirtió en el dios del rayo.

Yemayá

Yemayá es el orishá de los mares y lagos. Es una orishá femenina y es considerada la madre de muchos orishás. Como cualquier madre, Yemayá es cariñosa y maternal, pero también puede ser cruel. Puede infligir castigos severos cuando está enojada, pero perdona rápido. Es una guerrera feroz, valiente e inteligente. Yemayá es la protectora de pescadores, mujeres y niños.

Está asociada con los colores azul y blanco y el número siete, y también está asociada con pavos reales, patos, estrellas y la luna llena. Se la celebra el 7 de septiembre. Se la representa como una sirena con un vestido azul que simboliza las olas del océano. Está asociada a la Virgen María. Sus ofrendas favoritas incluyen cualquier cosa del océano, como peces, caballitos de mar o conchas marinas.

Un día, Olokun, el orishá del fondo del océano, estaba enojado con la humanidad porque sentía que no estaba recibiendo el respeto y el aprecio que merecía. Decidió acabar con la raza humana enviando olas altas y mortales a la tierra. Yemayá estaba preocupada por la humanidad e interfirió para calmar a Olokun. Si no hubiera sido por Yemayá, la humanidad habría desaparecido.

Oshún

Oshún es la orishá de la fertilidad, el amor y el matrimonio. Se la asocia con el agua dulce y la belleza femenina. Olodumare la creó después de crear el universo. Mientras observaba el mundo, se dio cuenta de que estaba incompleto. La humanidad necesitaría algo que los motive y los una. El mundo necesitaba amor. Así, decidió crear a Oshún y la convirtió en la orishá del amor. La envió a la Tierra para difundir el amor y todas las demás cualidades positivas asociadas a él. Es la más bella, sensual y seductora de todos los orishás.

Oshún es vibrante y llena de vida. Ella y Eleguá tienen una amistad muy estrecha. También es la esposa que Shangó más ama. Joven, bella y poderosa, Oshún parece tenerlo todo. Sin embargo, por dentro, se sentía miserable. Enfurecer a Oshún es una idea terrible porque es una orishá muy vengativa. Se la representa con un vestido amarillo.

Las mejores ofrendas para Oshún son joyas, perfumes, espejos, seda, abanicos, miel, camarones, arroz amarillo, espinacas, naranjas y girasoles. Se asocia con el número cinco, los colores amarillo y dorado, y se celebra el 8 de septiembre. Está vinculada a Nuestra Señora de la Misericordia. Las personas la invocan cuando requieren protección contra ciertas enfermedades o sufren problemas de fertilidad.

Durante una de las rebeliones contra Olodumare, los orishás decidieron dejar de seguir sus órdenes. Creían que sabían lo suficiente sobre el mundo y la humanidad y no necesitaban a Olodumare. Cuando Eleguá se enteró de la rebelión, le dijo a Olodumare, y este los castigó dejando de enviar lluvia y causando así una gran sequía. El mundo estaba muriendo, y los orishás se lamentaron y rogaron perdón a Olodumare. Sin embargo, sus voces y gritos no lo alcanzaron. Oshún se transformó en pavo real y voló hasta Olodumare para informarle del arrepentimiento de los orishás. Sin embargo, voló demasiado cerca del sol y se lastimó sus alas. Aun así, logró llegar a su destino y entregar el mensaje. Olodumare admiraba el coraje de Oshún y decidió curarla y mandar la lluvia.

Orunmila

Orunmila u Orula es el orishá del conocimiento, el destino y la sabiduría. Fue testigo de la creación de las almas. Por lo tanto, conoce el destino de cada una de las almas. Esto convierte a Orunmila en uno de los orishás más poderosos, ya que conoce el destino y muerte de cada ser. Su trabajo es asegurarse de que cada persona siga su destino. Sabe lo que hace que cada persona se sienta feliz, triste y exitosa. Orunmila es conocido por sus habilidades de curación y protección contra problemas mentales.

Está asociado con los colores amarillo y verde. Está vinculado al santo católico San Francisco de Asís y se celebra el 4 de octubre. Es el único orishá que no se manifiesta a través de incorporación sino a través de la adivinación. Sus ofrendas favoritas incluyen aceite de palma rojo, velas, miel y cocos.

Es hermano de Eleguá, Ogún y Shangó e hijo de Obatalá. Cuando Obatalá descubrió que Ogún tenía sentimientos por su madre, despidió a todos sus hijos mayores y mató a los jóvenes. Cuando nació Orunmila, Obatalá lo mataría al enterarse si era un niño. Sin embargo, Eleguá se apresuró a salvar a su hermanito y se lo llevó. Lo escondió debajo de un árbol y le llevaba comida todos los días. Un día, Obatalá comenzó a sufrir de una enfermedad muy grave e incurable. Eleguá le pidió a Shangó que viniera a ayudar a sanar a su padre. Él accedió y Obatalá se recuperó. Eleguá pidió un favor a cambio que era dejar vivir a Orunmila. Obatalá accedió a la petición de Eleguá. Shangó estaba feliz de que su hermano fuera perdonado y celebró la ocasión cortando el árbol bajo el cual se escondía, y creando con su madera una tabla de adivinación para su hermano y compartiendo con él los secretos del arte de la adivinación. Esta historia refleja el estrecho vínculo entre los tres hermanos.

Los orishás se manifiestan a los seres humanos a través de la incorporación. Incorporan ("toman prestado") el cuerpo un sacerdote/sacerdotisa dispuesto al acto e interactúan con los seres humanos durante los rituales. Todos los orishás mencionados aquí desempeñan un papel en la veneración/reverencia de los antepasados. Aprenderá más sobre este tema en los próximos capítulos.

Capítulo 3: Cómo venerar a los orishás

Ahora que entiende a los orishás, sus personalidades y su significado en la religión yoruba, está listo para descubrir cómo honrarlos y acercarse a ellos. La relación entre estas entidades y los seres humanos es una parte importante de la religión yoruba. El pueblo yoruba cree que los orishás pueden proporcionar iluminación, protección y apoyo. Sin embargo, se requieren ciertos rituales para agradar y acercarse a los orishás. Uno debe honrar a los orishás y reconocer su existencia para mantener una relación beneficiosa con ellos.

Este capítulo cubre los diversos métodos para venerar a los orishás y saber si alguno lo está llamando.

Altares

Los altares pueden ayudarlo a honrar a los orishás y fortalecer su relación con ellos. El concepto básico y el diseño de un altar son similares para todos los orishás. Necesitará un espacio vacío con una superficie despejada lejos de cualquier distracción. Un altar es un lugar sagrado diseñado para la adoración, así que colóquelo en un lugar tranquilo para que concentrarse y sentir la conexión con los espíritus. Sin embargo, dado que cada orishá tiene una personalidad, dominio, colores, animales y representaciones diferentes, se requieren elementos diferentes para cada altar de orishá. Un objeto puede ser ofensivo para un orishá mientras que puede sagrado para otro. Crear un altar adecuado es necesario para conectarse con su orishá.

Los altares se crean para honrar a los orishás
Infrogación de Nueva Orleans, CC BY 3.0< https://creativecommons.org/licenses/by/3.0 >, a través de Wikimedia Commons
https://commons.wikimedia.org/wiki/File:BRStateMuseumJuly08VoodooAltar.jpg

Cómo construir un altar para un orishá

- Establezca una intención antes de construir su altar. Los altares tienen varios propósitos como la magia, la adoración, la meditación, etc. Sus intenciones de construir este altar para honrar a un orishá específico deben ser claras. Establezca intenciones escribiéndolas, diciéndolas en voz alta o susurrándolas en voz baja. Por ejemplo, puede decir: "Estoy construyendo este altar para venerar a Shangó".

- Elija un lugar adecuado para su altar. Los orishás no requieren nada lujoso o exagerado, así que opte por un espacio tranquilo, sencillo y cómodo. Puede ser un espacio pequeño en su habitación o un estante. Asegúrese de que esté en un lugar privado, para que nadie moleste o interfiera con su espacio de adoración.
- Limpie el espacio antes de añadir cualquier artículo.
- Elija los artículos apropiados para el orishá que está honrando, como símbolos o imágenes. Puede agregar tantos artículos como quiera. Sin embargo, si este es su primer altar, haga algo pequeño y simple para que sea fácil de mantener. Una vez que se acostumbre, puede expandirlo y añadir más elementos. Asegúrese de limpiar primero los artículos que añada.
- Ahora que sabe qué elementos usar, tome cada objeto y colóquelo de forma organizada. Algunas personas prefieren poner sus artículos en un trozo de tela para proteger el altar. Puede colocar el objeto más grande en el centro y colocar los más pequeños a su alrededor.
- Construir su altar no es suficiente. Debe honrar a su orishá regularmente y nunca abandonar su altar.
- Mantenga su altar en buen estado. Ignorarlo o dejarlo cubierto de polvo es una falta de respeto.

Estos son algunos de los principales elementos para los orishás más destacados de la religión yoruba.

Eleguá

- Coloque un trozo de tela negra o roja en su altar, ya que son los colores de Eleguá
- Las canicas, las campanas y los juguetes son perfectos para el orishá del engaño
- Un polvo de incienso para protección
- Bocetos o retratos de encrucijadas
- Velas (rojas o negras)
- Una ilustración de Eleguá en cualquiera de sus formas, ya sea como anciano o como niño
- Una o más estatuillas de Eleguá

Shangó
- Velas
- Hachas (simple o doble filo)
- Una ilustración o estatuilla de Shangó
- Una o más espadas
- Un tambor batá
- Un cuenco de madera con tapa
- Un pedestal para colocar el cuenco de madera
- Un juego de herramientas de madera
- Piedras de trueno

Obatalá
- Una ilustración, estatuilla o muñeco de Obatalá
- Un trozo de tela blanca para colocar debajo de los artículos
- Un tazón de sopa
- Una vela
- Una corona de metal
- Una campana con agarre de paloma

Ogún
- Un retrato o estatuilla de Ogún
- Un gallo de hierro
- Clavos de hierro
- Un caldero
- Una vela
- Un objeto de hierro como un yunque

Yemayá
- Un incienso en polvo intencionado para ayudar con problemas familiares
- Caracolas, preferiblemente cauris
- Una vela para ayudar con la fertilidad o la protección
- Abanicos
- Un tazón de sopa
- Objetos de plata

- Una ilustración o estatuilla de Yemayá
- Perlas
- Corona plateada o azul
- Un trozo de tela azul
- Ilustraciones del océano o criaturas marinas como peces, delfines o sirenas

Oyá
- Una ilustración o una estatuilla de Oyá
- Berenjenas, preferiblemente frescas
- Una vela de color arco iris
- Cualquier joya hecha de cobre
- Un tazón de sopa
- Manteca de karité
- Calabaza roja
- Una imagen de un rayo

Oshosi (orisha de la caza y los animales)
- Una ilustración o estatuilla de Oshosi
- Una vela para proporcionar fuerza y orientación
- Arco y flechas
- Imágenes de animales

Orunmila
- Una ilustración o estatuilla de Orunmila
- Una vela para ayudar con el crecimiento espiritual
- Un trozo de tela verde o amarilla para extender sobre su altar
- Un cuenco con tapa de madera de cedro
- Flores, preferiblemente amarillas

Oshún
- Perfume
- Una ilustración o estatuilla de Oshún
- Girasoles
- Un tazón
- Vela blanca

Ofrendas (ebbó)

Otro método para venerar a los orishás es hacer ofrendas. Cada orishá requiere ofrendas específicas. Pueden ser alimentos, bebidas u objetos relacionados con el orishá y lo que representa. En la religión yoruba, hay un tipo de ofrenda llamada "ebbó". Cuando los adoradores presentan ofrendas, dicen: "Estoy haciendo ebbó". Los adoradores "hacen ebbó" para agradecer a los orishás por su ayuda y orientación o para pedir un favor. Sin embargo, el ebbó no es una ofrenda habitual. Es un tipo de sacrificio que uno hace para agradar a los orishás. Es uno de los conceptos más antiguos de la religión yoruba. El ebbó es una necesidad para todos los adoradores de los orishás.

La palabra "sacrificio" puede tener una connotación negativa, ya que la gente a menudo la asocia con renunciar a algo que ama. Nos recuerda al momento en que se le pidió a Abraham que sacrificara a su hijo en las religiones abrahámicas o el sacrificio de Jesús en el cristianismo. El sacrificio siempre se ha asociado con el dolor y el sufrimiento. En la religión yoruba, este concepto no siempre es negativo. El pueblo yoruba piensa de esta manera para preservar la vida y sus seres. Uno debe hacer favores a las entidades que tienen el poder de destruir o proteger la vida. Por lo tanto, el ebbó garantiza la continuación de la vida y las bendiciones en el mundo físico al agradar a los orishás y mantener una relación con ellos. Otro lado positivo del ebbó es que puede mostrar su gratitud por todas las bendiciones que recibe de los orishás.

Las personas a menudo se piden favores y muestran su gratitud con regalos. Elige regalos que sabe que la otra persona apreciará. Lo mismo se aplica a orishás. Hacer una ofrenda que agrade a su orishá es una muestra de respeto. Sin embargo, hacer el ebbó solo cuando necesita un favor muestra una falta de gratitud. Por lo tanto, uno debe seguir dando ofrendas regularmente para agradar a los orishás. Nunca debe dejar que los orishás se sientan ignorados o abandonados, y el ebbó muestra su reconocimiento y aprecio por estas entidades.

Ebbó es originalmente el hijo de Orunmila, el orishá del conocimiento y la sabiduría. Él creó el ebbó por el bien de la humanidad. La gente no solo usa el ebbó para pedir favores, sino para ayudar a prevenir el dolor y el sufrimiento. Cuando uno hace una ofrenda, el ebbó convoca al mensajero de los dioses, Eshú, a descender y recogerlo como pago inicial a los orishás. Eshú lleva las ofrendas a los orishás, para que las acepten y alivien el dolor y el sufrimiento o les concedan un favor. La gente también hace ebbó para obtener bendiciones, amor y dinero o hacer daño a sus enemigos. Tanto los seres humanos como los orishás necesitan ebbós. Los ebbós facilitan la vida de las personas, ya que les proporciona bendiciones y protecciones, mientras que los orishás los necesitan para sobrevivir. Las ofrendas fortalecen su relación con los orishás.

El ebbó existe en otras culturas, como en Brasil, donde es más que una práctica sino una tradición integrada a sus creencias.

Tipos de ofrendas

Muchas personas asumen que las ofrendas deben implicar el sacrificio de animales. Sin embargo, existen otros tipos de ofrendas más apropiados para la era moderna. Por ejemplo, si le conceden su favor, puede prometerle a los orishás que hará algo determinado o se abstendrá de algún tipo de comida o actividades como beber o tener relaciones sexuales. Las plantas y los frutos también son grandes ofrendas para agradar a los orishás. Cualquier artículo relacionado con el fuego, como velas, lo ayudará a acercarse a estos espíritus. También disfrutan de actividades como tocar tambor, bailar y cantar. También puede colocar un artículo en su santuario o altar como regalo. Asegúrese de elegir ofrendas relacionadas con los orishás elegidos.

Hablar y orar

Puede invocar a los orishás hablando con ellos u orando. Hablar con un orishá suena más fácil que abstenerse de su comida favorita o construir un altar y hacer una ofrenda. Sin embargo, hablar y orar puede ser un poco complicado, ya que requiere que se conecte con su lado espiritual, lo cual no siempre es fácil. Orar a cualquier orishá requiere paciencia. No espere que respondan de inmediato; sea persistente y paciente. También debe ser respetuoso, limpio y usar ropa adecuada. Antes de pedirles un favor, muestre primero su aprecio y gratitud.

Cómo hablar con un orishá

- Siéntese en un lugar tranquilo sin distracciones
- Asegúrese de elegir un lugar limpio en su hogar o al aire libre
- Si quiere estar al aire libre, elija un lugar en la naturaleza relacionado con el orishá. Por ejemplo, hable con Obatalá cerca de las montañas y con Oshún cerca de un río
- Calme su mente y sus pensamientos

- Encienda una vela y rece. Puede orar en voz alta, susurrar sus oraciones u orar en su mente.
- Cuéntele al orishá su problema o pídale un favor
- Exprese gratitud al orishá

Hable con su orishá como parte de su rutina. Incluso si no tiene un problema o un favor que pedir, hable de su día y ábrase a ellos de la misma manera que lo haría con un amigo.

La meditación es un método eficaz para comunicarse espiritualmente, y puede usarlo para llegar a los orishás. Siéntese en un lugar tranquilo y en una posición relajante, cierre los ojos, respire lenta y profundamente, libere y relaje su mente, y concéntrese en el orishá con el que quiere comunicarse.

Ceremonias

Organice una ceremonia para el orishá que quiera venerar e invítelo a asistir. Los orishás suelen incorporar (poseer) al sacerdote o sacerdotisa que dirige la ceremonia para comunicarse con los asistentes. La posesión/incorporación aquí no es perjudicial ni contundente para el anfitrión, ya que está dispuesto y preparado para hacerlo, y todos los asistentes tienen preguntas o favores que hacerle al orishá.

Más información sobre los orishás

Aprender sobre los orishás es la mejor manera de venerarlos. Cuanto más aprenda sobre ellos, más cerca los sentirá.

Descubra su orishá

Ahora que sabe cómo honrar y reverenciar a los orishás, probablemente se pregunte cuál es el orishá adecuado para adorar. Según la religión yoruba, cada persona tiene una madre y un padre orishá. Sus padres orishás lo protegen y lo guían durante toda su vida. Son responsables de ayudarlo a alcanzar su destino. Descubrir quienes son sus padres orishás es clave para poder honrarlos. Es un error pensar que uno comparte los mismos orishás con sus padres humanos. Puede tener una madre y un padre orishá diferentes a los de sus padres, y pueden provenir de diferentes tribus. Pida a sus mayores, como sus abuelos, que lo ayuden a descubrir a sus padres orishás. No hay mejores maestros que los mayores, que tienen el conocimiento y la experiencia para guiarlo.

Sus padres orishás también pueden aparecer en sus sueños. Preste atención a los sueños, especialmente si ha estado tratando de obtener respuestas sobre los orishás, ya que esta puede ser la única forma en que pueden revelarse ante usted. Hable u ore a los espíritus y pídales que lo ayuden a encontrar a sus padres orishás.

Un sacerdote o sacerdotisa yoruba también puede darle las respuestas que busca. Conocen los rituales adecuados para ayudarlo a encontrar a su orishá. El sacerdote le hará algunas preguntas, incluida su fecha de nacimiento, y después de recopilar la información necesaria, le dará una respuesta. Después de descubrir a sus padres orishás, aprenda todo sobre ellos, como sus poderes, colores, animales, historias, etc. Aprender sobre los orishás lo ayudará a establecer un vínculo con ellos. Sus padres orishás tendrán un papel muy importante en su vida y le proporcionarán orientación y protección, ayudándolo a alcanzar su destino.

Llamado de un orishá

Así como las personas buscan comunicarse con los orishás, los orishás también buscan comunicarse con las personas. A veces, no tienes que buscar respuestas en otro lugar. Puede averiguar si su orishá lo está buscando dentro suyo. Por ejemplo, si cree que un orishá específico lo está llamando, es muy probable que lo esté haciendo. También puede encontrar colores, símbolos, ilustraciones o animales asociados a un orishá en varios lugares inesperados. Un orishá también puede llegar a usted en sueños. Un amigo puede mencionarle a un orishá específico, o puede encontrar información al azar en línea. Responda al llamado de un orishá construyendo un altar, orando o haciendo ofrendas.

Cuando los orishás responden su llamado, también pueden aparecerse en sueños, o puede sentir sus bendiciones en diferentes aspectos de su vida. Si invoca a un orishá para que lo ayude en una situación difícil, comenzarán a aparecer soluciones para su problema. Sabrá cuando un orishá responde, así que asegúrese de mostrar su gratitud.

Aunque los orishás son espíritus invisibles, trátelos como si fueran seres físicos. Esto es más fácil cuando aprende sobre ellos y sus personalidades. Hable con ellos como si fueran un amigo cercano o un miembro de la familia. Necesita aprender sobre sus padres orishás, ya que lo guiará hacia el orishá que estará a su lado por el resto de su vida. Nunca de por sentado a los orishás ni les falte el respeto. Recuerde que son entidades poderosas y no debe hacer que se enojen. Concéntrese en agradarles con ofrendas, ebbós, oraciones, ceremonias y aprendiendo sobre ellos. Deje que su corazón lo guíe sobre los llamados de los orishás. Mantenga la concentración y no confunda una señal con una coincidencia. Cuando se trata de los orishás, nada es aleatorio, así que mantenga los ojos y el corazón abiertos y prepárese para recibir.

Capítulo 4: Egbe, sus compañeros espirituales

En este capítulo, aprenderá todo lo que necesita saber sobre Egbe Orun. Comprenderá quién es este grupo y cómo pueden ayudarlo en su paso por la Tierra. Aprenderá las características que definen a cada tipo de Egbe Orun y cómo complacerlos. También comprenderá la influencia y el poder que Egbe Orun puede tener en su vida.

Su compañero espiritual, también conocido como su "Egbe"
https://www.pexels.com/photo/silhouette-of-man-sitting-on-grass-field-at-daytime-775417/

¿Qué son los Egbe Orun?

Egbe se puede traducir aproximadamente como "compañeros celestiales, espirituales o astrales" o "camaradas del cielo". Este grupo espiritual de compañeros humanos celestiales se llama Egbe Orun, Egberun y Alaragbo.

Según la creencia yoruba, cada persona tiene un compañero especial en el ámbito espiritual. Este sistema de creencias sugiere que todos venimos del cielo o de Orun y que nuestros cuerpos físicos son meras personificaciones de nuestras almas. El orishá Obatalá fue quien usó arcilla para moldear nuestras cabezas, mientras que Olodumare nos dio vida y creó nuestras almas. El alma fluye libremente en el reino espiritual antes de que se cree su cuerpo físico. Su alma busca a sus padres, que eventualmente lo convierten en humano.

Después de que Olodumare insufla vida en la cabeza, dos almas emergen. Una es transportada al reino físico dentro de su cuerpo y la otra permanece. El alma restante se considera el compañero celestial del humano y se piensa que es idéntico a su contraparte humana. Sin embargo, se cree que el espíritu es mucho más poderoso que su forma física.

En el ámbito espiritual, el alma permanece conectada con nuestro ser físico. Es la versión de nosotros mismos que aparece en nuestros sueños, ya sea que soñemos con nosotros mismos o con alguien más. Ambas versiones están activas en el mundo de los espíritus y pasan tiempo juntas hasta que el humano correspondiente nace en el reino humano.

La razón por la que una versión del alma se queda separada es para mantenernos conectados con el reino espiritual y sirve como un cordón para guiarnos de regreso si alguna vez deseamos visitarla. Esas partes también nos vigilan, asegurándose de que todo vaya bien en el ámbito físico. El Egbe Orun está destinado a recordarnos nuestra naturaleza espiritual, particularmente cuando estamos demasiado atrapados en asuntos terrenales. Nos ayudan a recordar que nuestra existencia en el plano humano es solo temporal. El vínculo único que cada persona tiene con su contraparte espiritual es su única conexión con niveles superiores de conciencia. Todos tenemos diferentes lazos con nuestros cuerpos astrales. Algunas personas tienen fuertes conexiones que permiten que Egbe influya en las experiencias de la persona. Por ejemplo, alguien con un vínculo muy fuerte con su compañero celestial puede tener elementos que desaparecen de su entorno, ser fácilmente capaz de interactuar con el reino espiritual o ser particularmente sensible a ciertos fenómenos astrales.

Los practicantes tienen como objetivo agradar al Egbe Orun y agradecerles por su apoyo, guía y protección, para estimular el despertar espiritual y el desarrollo personal. Si sabe cómo trabajar con el Egbe Orun, puede tener experiencias de vida más satisfactorias.

Los Egbe Orun dan a conocer su presencia apareciendo en los sueños y prácticas de adivinación de una persona, haciendo desaparecer objetos o entregando mensajes específicos. En algunos casos, Egbe Orun puede encarnar en los festivales de máscaras, ceremonias realizadas para la protección ancestral.

Tipos de Egbe Orun

Los Egbe viven en sociedades como la nuestra, y se organizan en función de sus intereses, convicciones y puntos en común. Tradicionalmente, los practicantes comenzaron a asociar el Egbe con ciertas comunidades astrales observando y tomando nota de los patrones de comportamiento que sus contrapartes físicas mostraban cuando eran niños. Algunos yorubas todavía practican estos ritos y confirman sus revelaciones a través de prácticas y herramientas oraculares en manos de practicantes con experiencia. Esto significa que los tipos de Egbe que conocemos se corresponden con rasgos y características que tradicionalmente eran identificables. Cabe señalar que hay innumerables fraternidades, o sociedades, en las que los Egbe Orun se organizan. Algunas clasificaciones son:

Iyalode

Iyalode se caracteriza por la calidad de liderazgo y, como tal, se cree que es la sociedad de líderes de Egbe en el ámbito físico. Dado que este grupo lleva el nombre de "Iyalode", la reconocida jefa, muchas personas creen erróneamente que solo las mujeres pueden pertenecer a este grupo. Sin embargo, esta sociedad acepta hombres y mujeres, denominados "Iyalode".

Según Ifá, el poder de liderazgo de esta sociedad se limita solo al ámbito terrestre. Se dice que Janjasa es la cabeza de Egbe que reside en el cielo, mientras que la cabeza de Egbe que reside en la Tierra es Iyalode.

Es posible que haya cruzado muchos miembros del Egbe Iyalode a lo largo de su vida. Se cree que andan bien vestidos, ordenados, organizados, son inspiradores y motivadores. A menudo son el centro de atención en reuniones sociales. Disfrutan de las fiestas y les encanta presumir. Pero tienen otro aspecto: los Iyalode son caritativos y mentalmente desapegados. Están muy atentos a sus hijos y hacen todo lo que está a su alcance para garantizar que estén protegidos, cuidados, seguros y para que alcancen el éxito. Si bien son bastante generosos, nadie debe ofender a un Iyalode. Son capaces de enviar todo tipo de castigo al ofensor.

Eleeko

Este grupo es bastante difícil de entender, ya que sus miembros se caracterizan por su personalidad. Entonces, dependiendo de las circunstancias, Egbo Eleeko puede ser paciente o impaciente, despiadado o misericordioso. Sus estados de ánimo oscilan fácilmente dependiendo de sus deseos trascendentales.

Los patrones de comportamiento de los Eleeko suelen ser comparables a los de los Eshú, que adoptan diferentes formas. Muchos comparan a los Eleeko con Eshú. Al igual que Eshú, conocido como la deidad tramposa, se cree que Eleeko es muy travieso. También son inteligentes, creativos y astutos.

Los miembros del grupo Eleeko también pueden ser desleales y muy astutos. Roban a los más afortunados para dar a los pobres. Si nota que desaparecen pertenencias valiosas y dinero, a menudo es una señal de que el Eleeko le está robando. Cuando una persona hace mal o le falta el respeto a Egbe, Eleeko también puede robarle como forma de castigo. A menudo, este grupo persigue o controla a personas irrespetuosas.

Tradicionalmente, los niños que roban, hablan mucho, son astutos o tercos, o son muy ambiciosos, se consideran miembros del grupo Eleeko. Un niño continuará sin tener en cuenta a los demás y crecerá para hacer solo lo que quiera si no se realizan los ritos y rituales apropiados.

Asípa

Los miembros de Egbe Asípa se caracterizan por su incapacidad para expresarse con claridad. Son vocales y misteriosos. Son difíciles de entender, tienen un sentido de grandiosidad y no son leales.

El olvido también es una influencia común del grupo Asípa. También inducen una sensación de desorientación en las personas, por lo que muchos asocian a los Asípa con la deidad Idaako Oyo. Si a menudo le presentan gente que siente que ya conoce, usted podría ser miembro de esta sociedad Egbe.

Los miembros de este Egbe pueden experimentar pérdida de memoria temporal e incluso prolongada. A veces también pueden tener este efecto en los demás. Esto sucede particularmente a las personas que rechazan su fe o necesitan ser llevados a la espiritualidad. El olvido también puede afectar a las personas que están destinadas a unirse a Egbe, pero que son muy tercas. Muchos practicantes dicen que Asípa puede cambiar el destino de una persona por otro.

Jagun - Jagunjagun

Debido a su implacabilidad y persistencia, esta fraternidad se gana el nombre de *guerrero* o "Jagun". Los miembros de este grupo son conocidos por su benevolencia y adaptabilidad. Si bien son muy complacientes, saben disfrutar del momento. No pierden su tiempo libre.

Un niño puede ser identificado como Jagun inmediatamente después del nacimiento. Sin embargo, es posible que no muestren todas las cualidades y el poder del Jagun hasta que hayan crecido un poco. Los niños que pertenecen a esta sociedad son diferentes a los demás. No sienten la necesidad de robar cosas o decir mentiras. Son meticulosos, tensos y estrictos, lo cual no es un comportamiento juvenil típico. Los miembros mayores de Jagun pueden ser bastante promiscuos.

Baale

Baale es a menudo considerado como una mezcla entre Iyalode y Eleeko, ya que se caracterizan por sus habilidades de liderazgo y su tendencia a exhibir varias personalidades. Puede reconocer a un Baale por sus innumerables talentos. A pesar de que pueden ser bastante dominantes, los miembros de este Egbe son muy honestos y tienen un juicio justo.

El término "Baale" podría traducirse como "gobernante de la aldea". Si bien este no es necesariamente el papel de los miembros de este grupo, hay muchas cualidades y virtudes en común entre este grupo Egbe y el típico gobernante del pueblo. Como todos los demás grupos, Baale tiene sus debilidades. El castigo de los niños desviados suele ser muy duro.

Olugbogero

Muchas personas asocian el Olugbogero con aguas o ríos que fluyen libremente. Tradicionalmente, se cree que los Aabiku o niños nacidos muertos están relacionados con los Olugbogero. Este es otro grupo Egbe que tiene una amplia variedad de personalidades. Por alguna razón, independientemente de lo bien vestidos que estén, es verdad que estos individuos tienen un trozo de tela envuelto alrededor de alguna parte de sus cuerpos. Incluso pueden mantener el trozo de tela dentro de sus bolsos.

Adetayanya

Los niños Adetayanya se sienten misteriosamente atraídos por los basureros. No les importa lo oscuro, aislado o lejos que esté un basurero; se las arreglarán para encontrarlo y permanecer allí. Estos niños rara vez pasan por los basureros sin saludarlos. Comparte similitudes con el hermano de Egungún, Oró.

Moohun

Los niños que pertenecen a esta sociedad Egbe a menudo dudan mucho en hacer las tareas domésticas o cumplir recados. Son perezosos y pueden ser muy reacios a la hora de tomar decisiones. Los miembros de este grupo son bastante tercos y olvidadizos, y rara vez realizan alguna de sus tareas. Dicho esto, los miembros de Moohun son polutos y conviven bien juntos. No les importa gastar tiempo y esfuerzo extra para verse bien.

Agradar a Egbe Orun

Egbe Orun puede ser honrado y complacido a través de varias ofrendas, oraciones y ritos. También aceptan sacrificios y formas específicas de disciplina personal. Aprecian a aquellos que dedican tiempo y esfuerzo a establecer conexiones con ellos y mantener, atesorar y cuidar estas relaciones. Supongamos que desea trabajar con Egbe Orun. En ese caso, debe demostrar que valora la relación y reforzar continuamente el vínculo que ha logrado construir con ellos. Las comunicaciones Egbe toman diferentes formas. Sin embargo, las más populares son a través de predicciones oraculares. También puede pedirles que le envíen mensajes en sus sueños.

Puede mantener un santuario Egbe dentro o fuera de su casa. Debe tener en cuenta dónde construirlo, ya que se cree que residen o aparecen en áreas específicas cuando se les convoca. Estos lugares incluyen áreas donde se celebran hogueras, orillas de ríos y ciertos árboles. Egbe Orun prefiere ofrendas como queso, cacahuetes asados o cocidos, pasta de ñame, maíz o frijoles blancos al vapor, frutas o ñame (ya sea machacado o en forma de gachas). También puede expresar su agradecimiento machacando maíz dulce y mezclándolo con azúcar y aceite de palma o machacando frijoles y friéndolos en aceite de palma. También aceptan ofrendas de plátano, caña de azúcar, miel, manteca de karité, coco, aceite de palma y nueces de kola. Asegúrese de servir la comida junto con agua fresca o alcohol. En algunas ocasiones, también puede ofrecer sacrificios de animales. Puede incluir decoraciones rojas y blancas en su santuario, ya que estos colores están asociados con Egbe Orun.

Influencia de Egbe Orun

Cada clase o tipo de Egbe viene con sus propias prohibiciones y tabúes. Estas difieren de una familia, región, sociedad y comunidad a otra. Desafortunadamente, Egbe no siempre es portador de buenas noticias o protección y, a veces, puede manifestarse como desequilibrios en la vida. Por ejemplo, durante los ritos de embarazo o nacimiento, un oráculo puede revelar que el niño es miembro del Olugbogero, lo que significa que es un Abiku o niño nacido muerto. En otras palabras, "nacieron para morir". Estos mensajes sugieren que la contraparte espiritual del ser humano tiene una fuerte influencia sobre ellos, lo que resultará en una muerte prematura, ya sea a través de un aborto espontáneo o durante la infancia. El concepto de Abiku en yoruba se refiere a la interrupción del ciclo natural de la vida cuando una persona, independientemente de su edad, muere antes que sus padres.

El Egbe también puede inducir pesadillas en el sueño de la persona para llamar su atención. Si alguien piensa que un Egbe influye en sus pesadillas, puede confirmar su sospecha consultando los oráculos. En general, se cree que los sueños que incluyen relaciones sexuales también están relacionados con la influencia de Egbe.

Algunas personas hacen acuerdos con sus compañeros astrales antes de llegar al reino físico. Algunos incluso encontrarán esposas espirituales en el reino astral. Esas personas están obligadas a experimentar numerosos desafíos con respecto al amor y el matrimonio en la Tierra. La influencia de Egbe puede llegar a causar la muerte de la pareja de la persona. Esta es la razón por la cual los practicantes realizan consultas oraculares para confirmar si la novia y el novio han hecho algún acuerdo en el plano espiritual antes de que se lleve a cabo un matrimonio tradicional. En el caso de un convenio, se deben llevar a cabo ritos espirituales para garantizar un matrimonio saludable y exitoso.

El Egbe a veces puede destacarse, y las personas deben asegurarse de que su pareja espiritual no tenga tendencias malvadas, dañinas o tóxicas. Un Egbe malvado no actuará en interés de su contraparte física, y si ese es el caso, este vínculo debe cortarse para que la persona pueda experimentar un crecimiento y desarrollo saludables en su vida.

La influencia de Egbe a veces se puede detectar observando los patrones de comportamiento de los niños. Estos comportamientos suelen incluir terquedad e insolencia. La influencia de Egbe también puede hacer que el niño huya o sienta el impulso abrumador de robar artículos que no necesita.

Egbe Orun puede dar lugar a problemas y conflictos entre individuos, provocando que sospechen el uno del otro. A menudo roban objetos y hacen que desaparezcan, causando conflicto entre los humanos.

La contraparte astral de una persona puede molestarla intencionalmente gritando su nombre por la noche. Si ignora a Egbe, es probable que bloqueen toda abundancia y bendiciones para que no entren en su vida. Se encontrará con varios obstáculos, problemas, desafíos, contratiempos e incluso desastres en su vida. Alguien que sigue haciendo la vista gorda a Egbe siempre estará atormentado por la desgracia. Cuando las personas sospechan que Egbe influye en su falta de fortuna, deben buscar una confirmación oracular. Si sus sospechas resultan fundadas, deben calmar a su pareja astral para restablecer el equilibrio en su vida. Hay rituales específicos, conocidos como Igba Didi, que pueden ayudar a remediar una conexión rota o bloqueada con Egbe Orun. En casos severos, sin embargo, los ritos y sacrificios no serán suficientes. Una persona debe llevar a cabo Irari Egbe, un rito iniciático, para crear un pacto con su contraparte astral. Nunca debe intentar realizar estos rituales y ritos por su cuenta sin la guía de una persona con experiencia.

Ahora que leyó este capítulo, sabe todo lo que hay que saber sobre Egbe Orun. Está listo para comenzar a trabajar en la construcción de una mejor conexión con su compañero celestial y así obtener su guía, protección y apoyo. Siga leyendo para aprender sobre la veneración ancestral y por qué es un concepto importante en las creencias yoruba.

Capítulo 5: La importancia de los antepasados

La religión yoruba y sus mitologías asociadas son uno de los pilares espirituales de África Occidental, particularmente Nigeria, y es difícil entender esa parte del mundo sin apreciar completamente las complejidades de la religión. El hecho de que el yoruba sea el origen de la mayoría de las religiones del Nuevo Mundo también significa que informa muchas prácticas que reconocemos en Occidente hoy en día, y familiarizarse con el yoruba es una forma en que podemos evitar enfoques simplistas y mal informados de las nuevas formas de espiritualidad. Como se cubrió anteriormente en el libro, los yorubas poseen varias deidades que creen que sirven como intermediarios entre el mundo, ellos mismos y el dios supremo. Y el legado de estas deidades está profundamente ligado a los antepasados.

Honrar a los antepasados es extremadamente importante en la filosofía yoruba
https://www.pexels.com/photo/people-celebrating-at-a-traditional-festival-5377719/

La veneración ancestral es extremadamente importante, hablaremos de sus razones en términos simples dentro de este capítulo. En esencia, los antepasados simbolizan la comunidad, el desarrollo, la paz y la armonía. Se invocan como una forma de entender nuestro camino de vida, que es esencial para lograr un alto nivel de espiritualidad. Dados los caminos divergentes de la diáspora africana, sentirse conectado con un sentido compartido de la historia es más importante que nunca.

El concepto de Egungún

El término yoruba utilizado para los antepasados es "egungún", un concepto central en la religión. Durante mucho tiempo ha habido una suposición incorrecta sobre los Egungún, generalmente relacionados con una sensación de miedo. Para algunos, ver un Egungún es como ver un fantasma, cuyo descontento con el presente debería hacerte correr por las colinas. Incluso hay un proverbio común que dice que cuando ves un egungún, debes correr tan rápido como puedas o permanecer en su lugar hasta que el espíritu se vaya. ¿Qué dio origen a este concepto erróneo? Por un lado, es una extensión de cómo evolucionó el concepto de egungún en la cultura yoruba a través del tiempo. Forman parte de la veneración ancestral, contribuyendo a la sensación de que algo ha salido mal. Pero, ¿qué pasa si hay un mensaje críptico que nos falta y no podemos recibir?

El papel del Egungún en la cultura yoruba también va más allá del ámbito de lo espiritual. Su papel combina la protección ancestral y las representaciones teatrales, que suelen tener lugar en las calles. Históricamente, fueron convocados para orientación militar en la época precolonial. Su presencia se utilizaba para recordar a la gente los importantes lazos familiares y sociales para preservar el patrimonio cultural, todo a través de una colorida mezcla de disfraces y rituales.

¿Qué hace que un antepasado sea alguien a quien admiramos, reverenciamos y respetamos, o a veces incluso tememos? Ellos han vivido una vida larga y moral, demostrando ser ejemplos positivos para sus comunidades. Los egungún son los espíritus de estos antepasados difuntos, que podrían estar relacionados con nosotros ya sea por sangre o linaje religioso. Es posible honrarlos a través de rituales o términos metafísicos, ya sea a través de la oración o el uso de ropas coloridas.

Dicho de otra manera, la base del yoruba es la idea de rendir homenaje a aquellos que han hecho la transición al reino de los antepasados y han entrado oficialmente en él. En las creencias yoruba, se cree que cuando nace un individuo, su alma toma una forma dentro de un cuerpo físico. Además, se cree que esa misma alma está conectada a la línea familiar, tomando forma en el cuerpo de alguien con quien estaban conectados en una existencia anterior. Este es uno de los aspectos más difíciles de entender, ya que es una idea amplia. Sin embargo, todas las líneas familiares regresan a las mismas personas, dado que las energías familiares tienden a permanecer juntas. Entonces, mientras el alma pasa tiempo en este reino terrenal, reúne la sabiduría necesaria a lo largo de su vida para que cuando el individuo muera, el espíritu se reencarne nuevamente y se una a una constelación de energías, esperando nuevamente la reencarnación.

Curación y ascendencia

Los antepasados son importantes porque nos anclan en esta tierra y nos mantienen arraigados mientras tratamos de forjar nuestros propios caminos en la vida. Rendir homenaje a los antepasados ayuda a darle la fuerza necesaria para enfrentar los problemas de la vida. Como están forjando nuevas conexiones en el presente sin negar el dolor de lo que ocurrió en el pasado, también ayudan a sanar a los espíritus de los antepasados.

En la religión yoruba, se considera que los antepasados están en desventaja, ya que tienen la sabiduría para mejorar las cosas, pero ya no poseen su cuerpo para hacer un cambio positivo. La otra cara es que tenemos un cuerpo, pero aún no tenemos la sabiduría ganada con tanto esfuerzo por los antepasados. Por lo tanto, en términos de práctica espiritual, el yoruba subraya la importancia de que el espíritu trabaje a través de nosotros, ya que el cuerpo es el vehículo perfecto para manifestar cosas positivas. Cuando se siente desconectado o perdido, estos sentimientos pueden repararse reviviendo sus conexiones con los antepasados.

Los antepasados, sin embargo, no son una entidad nebulosa e indistinta. Tienen diferentes categorías, cada una con distintas cualidades y propósitos. La siguiente sección de este capítulo presentará estas categorías. Comprenderlos mejor mostrará cómo podemos rendirles homenaje e incorporar esta nueva comprensión en nuestra vida diaria.

Fuerzas espirituales

Existen tres grupos ancestrales: Sango, Orishá Oko y Aykela. El primero, Sango, tiene raíces en la historia, ya que se le considera el antepasado real de los yoruba. Puede manifestarse de diferentes maneras, desde aira, agodo, lubé, etc., que son una constelación de diferentes entidades espirituales que caen bajo un ancestro.

El símbolo principal de Sango es el doble hacha, y es venerado como el gobernante más poderoso de las tierras de los yoruba.

Las entidades espirituales que caen bajo Sango:

- Aira representa los espíritus de los niños pequeños que viven vidas cortas entre reencarnaciones. También se les conoce como los Espíritus del Norte.
- Agodo representa los espíritus destructivos que provocan la muerte y la pobreza, y están asociados con otros espíritus, como Eshú, que es el espíritu del mensajero divino, y son un aspecto crucial para equilibrar el dinamismo en la naturaleza.
- Egún es el espíritu de los difuntos, que habla en su propio funeral a través de un médium.
- Agbasa representa a los espíritus de las piedras sagradas.
- Lubé es el espíritu de los muertos.

Las características definitorias de Shangó incluyen los colores rojo y blanco, y está representado por el trueno, el relámpago y el fuego. Además, los instrumentos comunes no son solo el doble hacha, sino también los brazaletes, las coronas de bronce, las piedras de trueno y cualquier objeto golpeado por un rayo. Cuando se trata de rituales populares que rinden homenaje a Shangó, podemos hablar de su comida especial, disfraces, joyas y danzas particulares que se utilizan para respetar su espíritu. Los animales sacrificados y cocinados para honrar a Shangó pueden incluir cabra macho, pato o tortuga de agua dulce. Un alimento que generalmente se sirve en estas ceremonias es el amalá, un fragante guiso de quimbombó con camarones, a menudo cocinado en aceite de palma.

En cuanto a la ropa, a menudo se pone un paño rojo con cuadrados blancos estampados para representar el espíritu de Shangó, y también se usan collares hechos con cuentas rojas y blancas. Los arquetipos de poder y dominio representan más a Shangó, y las danzas tribales como el aluja, la roda de Shangó se realizan para discutir sus logros en la batalla y el gobierno.

El siguiente es orishá Oko, el antepasado que representa la agricultura, la fertilidad y el ciclo de la vida y la muerte en la naturaleza. Se cree que rendir homenaje a este antepasado imparte una sensación de salud, estabilidad y vitalidad. Todo el mito de orishá Oko se centra en los ciclos de la naturaleza, y según la mitología, está casado con la orishá del mar, Yemayá. Su unión simboliza el equilibrio y un sentido de unidad entre los elementos. En la religión yoruba, es visto como un luchador contra la brujería y está asociado con la cosecha anual del ñame blanco africano. Dado que está tan ligado a las actividades agrícolas, las abejas suelen considerarse mensajeras de Oko.

En cuanto a las manifestaciones físicas de su carácter, también se identifica con los colores rojo y blanco, aunque también pueden aparecer el rosa y el azul claro. En comparación con Shangó, a menudo no se lo venera de la misma manera en las ceremonias públicas, pero si se requiere su espíritu, un bastón de madera y una flauta hecha de huesos denotarán la manifestación física. Los seguidores de la religión que desean conectarse con él o pedir ayuda le harán ofrendas de tubérculos y platos abundantes hechos de animales pequeños como codornices o conejos.

Aykela, también conocido como Babalú Ayé o Sopona, es uno de los espíritus que se manifiesta como la Tierra y está fuertemente asociado con enfermedades infecciosas y curación. Se cree que Aykela ayuda a curar diversas enfermedades y está cerca de Iku, una fuerza espiritual que se cree que es responsable de quitar la vida. Los practicantes yoruba le rendirán homenaje en un intento de atraer curación para aquellos que sufren de dolencias físicas o que pueden estar cerca de la muerte.

Se cree que este antepasado espiritual posee dominio sobre la Tierra y la enfermedad de la viruela. Debido a que Aykela se identifica con la muerte, los seguidores saben que exige respeto, e incluso gratitud, cuando él reclama otra vida, y le rinden homenaje en consecuencia.

En cuanto a las manifestaciones espirituales, Aykela está ligado a la tierra y, dadas sus raíces históricas, es considerado el dios de la viruela. Se cree que Aykela castiga a las personas con enfermedades y las recompensa con salud, por lo que los seguidores que buscan recuperarse y sentirse mejor le hacen rituales, implorando por su seguridad y la de sus seres queridos. También está conectado con los conceptos de secreto y revelación, silencio y habla, oscuridad y luz, exilio y movimiento, muerte y resurrección. Esto no es del todo sorprendente dado que las funciones corporales saludables, las manifestaciones negativas, las enfermedades, etc., están vinculadas a la comprensión de Aykela y cómo el antepasado espiritual se movía por el mundo.

Fuera de las celebraciones públicas de los antepasados, los devotos y seguidores yoruba pueden rendir homenaje a las deidades de diferentes maneras. A menudo se utiliza un simple santuario de dos componentes principales. En primer lugar, un paquete de nueve palos atados por un paño rojo. Las ramas deben tomarse de un árbol apropiado identificado por los sacerdotes que dominan los ritos de Egungún. El siguiente componente a menudo se denomina "opa egún", un bastón o una rama regular que es gruesa y larga y se usa durante una invocación. Una persona toca el suelo con el bastón mientras otra trabaja para invocar a los antepasados. El toque lento se utiliza para llamar la atención del antepasado para que pueda escuchar las oraciones de los descendientes con claridad. El golpeteo del suelo es crucial para el rito porque está señalando al suelo donde están enterrados los antepasados. Después de esto, se hace una ofrenda básica a los antepasados, como agua, vino, un poco de aceite de palma, pescado ahumado u otras ofrendas de alimentos más pequeñas.

Si está interesado en acercarse a sus antepasados yoruba, esta es solo una forma de hacerlo. Se pueden emplear otros rituales clave para ayudarlo a conectar con sus ancestros.

Identificación de sus antepasados

La mayoría de las personas provienen de ascendencia mixta, y nuestro linaje representa una compleja gama de influencias religiosas y espirituales. Es posible que desee representar algunas de estas influencias de varias maneras. Por ejemplo, es bastante estándar traer copias de la Biblia, el Corán o el I Ching cuando construyes un santuario en casa para indicar su intento de conocer a los antepasados. Una gran parte de seguir las creencias yorubas es reconocer la naturaleza universal de los principios espirituales expresados a través de los antepasados, ya que pueden manifestarse en diversas formas a lo largo de la historia, utilizando diversas actividades culturales.

Para construir el santuario, recuerde mantener las cosas simples. Coloque una mesa en el espacio en el que tenga la intención de realizar rituales regularmente. Luego, cúbrala con un paño blanco, colocando un vaso de agua y una vela encima. Estos representan los elementos básicos necesarios para crear seres humanos: tierra, aire, fuego y agua. En la pared sobre el santuario, cuelgue fotos de sus familiares, ya que son una forma vital de conectarse con sus antepasados espirituales.

A continuación, párese frente al santuario, enciende la vela y declare en voz alta su compromiso con el uso regular del santuario para la meditación y la oración. De esta manera, fortalece sus intenciones y deseos de conexión. Lo más importante es abrirse a la expansión espiritual. Mientras los antepasados sepan que está intentando establecer una conexión con ellos, la comunicación se abrirá de alguna manera. De hecho, se cree que la combinación de tela blanca y los elementos que colocó sobre ella atraen a los espíritus al santuario. Simplemente no cometa el error de acudir a su santuario solo en momentos de crisis, ya que eso reducirá bastante los poderes. Si mantiene las líneas de comunicación abiertas con regularidad, la conexión espiritual entre usted y sus antepasados seguirá siendo dinámica y accesible.

El siguiente paso que puede dar para invocar a sus antepasados es hacer una ofrenda de comida en su santuario. Se cree que esto es una muestra de reciprocidad, ya que está involucrado activamente con los espíritus y ellos están respondiendo a su solicitud de conexión. El acto de ofrecer comida no pretende en absoluto alimentar literalmente al espíritu. Es un gesto genuino que honra la memoria de aquellos que una vez se sentaron en su compañía y comieron con usted.

En algunas tradiciones, la comida se ofrece en el suelo junto al santuario, pero también es común colocar un plato sobre la mesa. Para los practicantes yoruba en la diáspora, la ofrenda generalmente se coloca en un plato agrietado, que simboliza cómo se descarta el cuerpo cuando el alma se eleva y se dirige al siguiente reino. En términos de la comida en sí, los pequeños animales cocidos o el pescado ahumado pueden ser suficientes, como se explicó anteriormente en este capítulo. La comida también suele ir acompañada de algo para beber. Las ofrendas pueden variar desde tazas de café, té o alcohol colocadas al lado de su plato. Si se trata de una bebida alcohólica, es costumbre sostener la botella con la mano izquierda y cubrir el pico con el pulgar, dejando caer unas gotas en el suelo.

Las flores son otra forma común de rendir homenaje a los antepasados en su santuario. Algunas personas incluso pueden usar cigarros, ya que el humo se usa como método de limpieza, similar a los sahumerios. Los antepasados harán solicitudes específicas para todo tipo de ofrendas, y se espera que usted haga todo lo posible para cumplir con dichas solicitudes para refinar la calidad de la comunicación.

Mantener vivas las tradiciones

La filosofía yoruba ha ganado más reconocimiento en Occidente durante las últimas décadas porque proporciona una forma vital para que los miembros de la diáspora africana se sientan conectados con sus antepasados y entre sí. También se ve cada vez más claro cómo las nuevas religiones tienen sus raíces en las filosofías yoruba y las religiones de África Occidental. Es una forma vital de entender nuestro pasado compartido y honrar a nuestros antepasados. Rendirles homenaje es una forma especial de dar gracias y sentirse arraigado en el presente. Especialmente para aquellos que forman parte de la diáspora, los sentimientos de desconexión y alienación son bastante frecuentes. Relatar las historias de espíritus antiguos y construir santuarios para comunicarse con ellos es una forma emocional de recordar las raíces y nuestras historias compartidas.

Capítulo 6: El Odun Egungún

En la mayoría de las culturas, la muerte se ve como un momento de transición y renacimiento en lugar de un final. En Nigeria, el pueblo yoruba tiene un festival llamado Odun Egungún, que celebra a los antepasados y honra su presencia continua en la vida de sus descendientes. El Egungún yoruba, que significa "honrar o respetar al que está muerto", también se usa para describir el festival anual de máscaras. Los seguidores se visten con disfraces y se pintan la cara para parecerse a los muertos, y los antepasados son honrados a través de canciones, bailes y comida. El festival también es un momento para que las familias se reconecten con sus antepasados y pidan orientación. El festival de máscaras de Egungún es una tradición colorida y vibrante que se ha transmitido de generación en generación. Es un momento en que los espíritus de los muertos regresan a la Tierra para celebrar la vida, la muerte y el mundo de los espíritus.

Odun Egungún es un festival que honra a los muertos
DEGAN Gabin, CC BY-SA 4.0< https://creativecommons.org/licenses/by-sa/4.0 >, a través de Wikimedia Commons https://commons.wikimedia.org/wiki/File:The_resplendent_colors_of_the_Egun-guns.jpg

Orígenes

Durante el festival de máscaras de Egungún, los participantes se visten con trajes coloridos y elaborados para honrar a sus antepasados. Los disfraces a menudo incluyen tocados grandes, collares de cuentas y faldas ondulantes. El festival es un encuentro animado donde los bailarines bailan al ritmo de los tambores tradicionales. Se cree que el festival de máscaras de Egungún se remonta al siglo XVI, cuando los exploradores europeos lo vieron por primera vez. Desde entonces, se ha convertido en una parte importante de la cultura yoruba y ahora la disfrutan personas de todas las edades. El festival se celebra durante la estación seca, de enero a marzo. También se cree que los Egungún traen buena suerte y prosperidad, por lo que a menudo son vistos como símbolos positivos de cambio.

Los egungún suelen ser espíritus de los muertos que vuelven a visitar a los vivos. Hay diferentes tipos de egungún, cada uno con su propio traje y baile únicos. Los festivales son una parte importante de la cultura yoruba y son parte también de las ceremonias religiosas. El tipo más común de egungún es el Ogún, el espíritu de un guerrero que regresa para traer paz y protección. El Ogún suele estar representado por un hombre vestido de rojo con una máscara que tiene cuernos.

El Egungún es un personaje enmascarado muy popular en la cultura nigeriana. La palabra "egungún" se traduce como "espíritu reencarnado". El festival de máscaras de los egungúns es una forma para que las personas se comuniquen con estos espíritus. El disfraz consta de tela, plumas y cuentas de colores brillantes. El Egungún a menudo lleva un velo sobre su rostro, que cubre sus rasgos. Los miembros de la familia de los egungúns a menudo usan disfraces similares para identificarse como miembros del mismo grupo. El festival se realiza típicamente durante festivales y ceremonias. Se cree que el egungún trae buena suerte y prosperidad a quienes presencian el festival.

Clasificación del egungún

Cada grupo étnico en Nigeria tiene su propio festival tradicional de disfraces. Mientras que algunos de estos son asuntos más tenues, otros son espectáculos exuberantes con trajes coloridos, música y danza. Esta es una de las tradiciones de máscaras más populares en Nigeria, y también es una de las más diversificadas. Dependiendo de la región, el festival Egungún puede adoptar muchas formas diferentes.

Uno de los tipos más comunes de festival Egungún es el Oso Ijoba, que se encuentra en las regiones de habla yoruba del suroeste de Nigeria. El Oso Ijoba es tradicionalmente un festival de máscaras masculino y a menudo se asocia con la muerte y la fertilidad. Durante los festivales, grupos de enmascarados de Oso Ijoba desfilarán por las calles, deteniéndose para actuar ante los espectadores. Otro tipo popular de festival Egungún es el Gelede, que se encuentra en partes del suroeste de Nigeria. El Gelede es un festival femenino, y se asocia con el poder y la protección materna. A diferencia del Oso Ijoba, el Gelede no suele involucrar grupos. En cambio, los enmascarados de Gelede visitarán los hogares de su comunidad y entretendrán a los residentes con canciones y bailes.

La tradición Egungún es solo uno de los muchos aspectos fascinantes de la cultura nigeriana. Si alguna vez tiene la oportunidad de ver un festival de máscaras Egungún, quedará impresionado por la variedad y el ingenio de los disfraces que se exhiben.

El papel de la familia

El papel de la familia es fundamental para el festival Odun Egungún. Este evento anual también celebra a los antepasados y honra a sus espíritus. Durante el festival, los miembros de la familia se vestirán con trajes coloridos y se pintarán la cara para parecerse a los espíritus de sus antepasados. También ofrecerán oraciones y sacrificios para honrar a los muertos. El festival está presidido por un anciano conocido como "Alagba". El Alagba es responsable de invocar a los antepasados y de liderar a la comunidad en los ritos ancestrales. También pueden garantizar que el difunto sea enterrado de manera apropiada y que su espíritu esté en paz. Durante el festival Egungún, las familias ofrecen comida y bebida a los antepasados como una forma de honrarlos. Las familias se reúnen para prepararse para las festividades, que incluyen música tradicional, baile y comida, y recuerdan a sus seres queridos que han fallecido. También es una oportunidad para celebrar la vida y crear nuevos recuerdos.

- **Mujeres**

El papel de la familia es esencial en el festival Odun Egungún. Hubo una época en que las mujeres tuvieron el control de Egungún, pero sus hombres las engañaron y les quitaron el poder. El ritual se origina en la experiencia religiosa de las mujeres yoruba. El capítulo de Odu Irantegbe del corpus de Ifá afirma que las mujeres tenían el control del culto a Egungún. Sin embargo, fueron engañadas por los hombres y perdieron ese poder. A pesar de esto, las mujeres siguen desempeñando un papel vital en el festival. Ayudan a preparar la comida y las decoraciones para el evento. También bailan y cantan canciones durante el festival. Ofrecen oraciones y sacrificios para asegurarse de que sus antepasados continúen velando por ellos desde el otro mundo. Sin las mujeres, el festival Odun Egungún no sería posible.

- **Hombres**

Otra parte importante de este festival es el papel del hombre Egungún. El hombre Egungún es un bailarín enmascarado que encarna los espíritus de los difuntos. Es responsable de guiar a los espíritus en su procesión por las calles y de comunicar sus mensajes a los vivos. Además, a menudo proporciona orientación y asesoramiento a quienes están de duelo. Para convertirse en Egungún, un hombre debe someterse a un entrenamiento extenso, durante el cual aprenderá sobre la historia y las tradiciones de su pueblo, así como la forma adecuada de honrar y respetar al Egungún. También se someterá a entrenamiento físico para soportar las largas horas de baile y tambores requeridas durante el festival. El papel del hombre en Odun Egungún es proporcionar un vínculo entre el mundo de los vivos y el mundo de los muertos. Al honrar a sus antepasados de esta manera, se aseguran de que sus vidas sean bendecidas con buena fortuna.

Conjuntos de Egungún

El festival Egungún es un importante evento anual en Nigeria, durante el cual los diferentes conjuntos actúan para honrar a los antepasados. El festival dura varios días e incluye comida, bebida y baile. El último día del festival, se convoca a una gran procesión en la que participan todos los conjuntos de Egungún. La procesión está encabezada por el miembro más antiguo del grupo, que lleva un bastón adornado con plumas. El festival Egungún es un momento de alegría y celebración para honrar a aquellos que han fallecido y recordar sus vidas.

El egungún es un disfraz que usan los hombres en muchas partes de la tierra yoruba. A menudo tiene colores brillantes y alegres y se compone de una variedad de telas diferentes. El Egungún cubre todo el cuerpo con un gran tocado y mangas largas y fluidas. El disfraz generalmente se completa con un bastón o espada, que el egungún usará en sus bailes y movimientos.

El conjunto está formado por cinco o más personas, y cada una lleva una pieza diferente del disfraz. Los tocados y los bastones a menudo están decorados con plumas, cuentas y otros materiales de colores. El egungún también suele usar pintura facial o máscaras, que ayudan a crear una apariencia más temible. Cuando el conjunto está completo, el egungún parece un pájaro gigante y colorido. El conjunto generalmente consiste en un cantante principal acompañado por un percusionista y un bailarín. El cantante principal usa una máscara y un traje que representa al difunto, mientras que el percusionista y el bailarín usan ropa de colores brillantes. La música egungún suele ser optimista y animada, destinada a alentar a los participantes a bailar y celebrar la vida del difunto.

El conjunto Egungún realiza una variedad de funciones dentro de la sociedad yoruba. Durante las ceremonias religiosas, se dice que el egungún representa los espíritus de los muertos y viene a la tierra para participar en las festividades. El disfraz también se usa durante los funerales y otros eventos importantes. Además, el egungún se utiliza a veces en procesiones políticas o como símbolo de autoridad real. Independientemente de su función específica, el egungún siempre aporta una sensación de esplendor y alegría a cualquier evento en el que aparezca.

Tipos de máscaras usadas en Odun Egungún

1. Máscara Akinlari

Akinlari es uno de los tipos de máscaras más populares que usan los bailarines de Odun Egungún. El nombre "Akinlari" significa "que no se puede ver" en yoruba, y las máscaras se usan en ceremonias y rituales diseñados para proteger al usuario de los espíritus malignos. Por lo general, están hechos de madera o tela y cubren toda la cara. En algunos casos, la máscara también cubre el cuerpo y se puede decorar con plumas, cuentas u otros materiales. La apariencia exacta de la máscara depende de su propósito y de la región en la que se fabrica. Por ejemplo, una máscara utilizada para rituales de curación podría tener un diseño diferente al de una máscara utilizada para ceremonias de luto. Sin embargo, independientemente de su propósito específico, todas las máscaras Akinlari comparten un objetivo común: ayudar a sus dueños a evitar espíritus dañinos y llevar una vida feliz y saludable. Estas máscaras representan cabezas de aves y suelen tener colores brillantes. La importancia de las máscaras Akinlari es que representan los espíritus de los antepasados que han venido a visitar a los vivos. Al usar estas máscaras, los bailarines pueden comunicarse con sus antepasados y recibir su guía y sabiduría. También se cree que las máscaras Akinlari traen buena suerte y buenas noticias a quienes las usan. Como tal, son muy venerados por el pueblo yoruba. Al seleccionar una máscara Akinlari, es importante elegir una que resuene con usted a nivel espiritual. Esto asegurará que pueda conectarse con sus antepasados y recibir su bendición.

2. Máscara Igún

El pueblo Igún de Nigeria usa máscaras Igún. Estas máscaras tienen forma de cabezas de cocodrilo y están hechas de madera o fibra. Las máscaras se usan en las ceremonias y se cree que poseen poderes mágicos. El pueblo Igún cree que el cocodrilo es una criatura poderosa que puede protegerlos de cualquier daño. Las máscaras también se utilizan para comunicarse con los espíritus de sus antepasados. Cuando un hombre Igún usa esta máscara, se transforma en un espíritu de cocodrilo y puede comunicarse con los espíritus de sus antepasados. La máscara Igún es una parte prominente de la cultura del pueblo Igún y es venerada por su poder y belleza. La importancia de esta máscara radica en su capacidad para proteger al usuario de cualquier daño. Los cocodrilos son criaturas temidas, y al usar esta máscara, el usuario puede canalizar el poder de la criatura. La máscara es una herramienta poderosa para quienes la usan y se usa a menudo en ceremonias y rituales. La máscara Igún es solo un ejemplo del importante papel de las máscaras en la cultura africana.

3. Máscara Ata

La máscara Ata es una máscara tradicional usada por el pueblo yoruba de África Occidental. Las máscaras representan cabezas de humanos y a menudo son muy detalladas y realistas. Se utilizan en ceremonias religiosas para honrar a los muertos y también tienen un papel importante en eventos sociales y políticos. Las máscaras suelen ser de colores brillantes y están decoradas con una variedad de materiales, como plumas, lentejuelas y cuentas. La máscara Ata es un objeto muy venerado dentro de la cultura yoruba que se transmite de generación en generación.

La máscara Ata es un tipo de madera tallada nativa de la tribu yoruba. Son ovaladas y cuentan con diseños elaborados. El pueblo Ata cree que tiene poderes sobrenaturales. También se cree que las máscaras representan a los espíritus de los antepasados fallecidos. Las máscaras Ata están hechas de madera blanda, como el cedro. La madera primero se talla en la forma deseada y luego se decora con materiales como plumas, pintura y cuentas. El producto terminado se pule para obtener un gran brillo. Las máscaras Ata generalmente las usan los jefes tribales u otros miembros importantes de la comunidad. La máscara Ata es una obra de arte preciosa y única que está impregnada de tradición y significado. Si alguna vez tiene la oportunidad de ver una de estas máscaras, le sorprenderá su belleza.

4. Máscara Aso Oke

Aso Oke es una tela tradicional nigeriana que se usa a menudo para ocasiones especiales, como bodas. El tejido está hecho de algodón o lana y tejido en una variedad de colores y patrones. El Aso Oke también se usa comúnmente para hacer máscaras para festivales y ceremonias yorubas. Las máscaras están hechas de tela y generalmente tienen dos orificios para los ojos y una hendidura para la boca. Las máscaras representan diferentes animales o antepasados. Los animales más comunes son leones, elefantes y monos. Las máscaras también se pueden decorar con cuentas, plumas y conchas. Las máscaras Aso Oke tienen un importante significado cultural para honrar a los antepasados. Se usan para comunicarse con los espíritus y enseñar sobre moralidad. Además, se cree que usar una máscara Aso Oke trae buena suerte. Estas máscaras suelen tener colores brillantes y pueden estar adornadas con intrincados diseños. Se cree que poseen poderes mágicos. A menudo se utilizan para proteger al usuario de los malos espíritus. En algunas culturas, también se cree que las máscaras traen buena suerte. Las máscaras Aso Oke siempre están hechas a mano y se pueden pasar de generación en generación. Si está buscando un regalo único o una obra de arte especial, una máscara Aso Oke seguramente aportará belleza y emoción a cualquier colección.

5. Máscara Iya Oke

La máscara Iya Oke es otro tipo de máscara que usan los hombres y se asocia con la fertilidad y la virilidad. La máscara está hecha tradicionalmente de madera y suele estar decorada con pieles y pelos de animales. El nombre "Iya Oke" significa "madre del bosque". Esta máscara suele asociarse con la fertilidad y el parto. La máscara Iya Oke representa la cabeza de una criatura mítica conocida como Iya, cruce entre un humano y un antílope. El Iya se considera un símbolo de fuerza y poder, y se cree que el espíritu del Iya puede ayudar a proteger los cultivos de plagas y enfermedades. Las máscaras Iya Oke están hechas de madera y tela y, a menudo, están decoradas con cuentas y caracolas cauri. Las máscaras suelen tener ojos y bocas grandes, y las usan los hombres mientras bailan y cantan. Se cree que Iya Oke representa a la diosa de la tierra, Obatalá. Se la considera la protectora de las madres y los niños y también se cree que trae buena suerte durante el parto. Podemos ver las máscaras Iya Oke durante celebraciones como bodas, funerales y ceremonias de curación tradicionales. La máscara Iya Oke se usa durante ceremonias y festivales especiales y a menudo son mencionadas en cuentos populares e historias como representación de virilidad y poder.

Capítulo 7: Creación de un altar o santuario de egún

Ya hablamos brevemente sobre cómo crear un santuario para rendir homenaje a los antepasados. Sin embargo, crear un altar o santuario de egún puede ser un poco más complicado, se pueden agregar diferentes detalles según cada persona. También hay formas muy específicas en las que se debe cuidar el altar, asegurándose de que continúe nutriendo la relación con sus antepasados. Profundizar en los detalles del santuario o altar es un elemento crucial para quienes están comenzando a aprender sobre esta importante práctica espiritual.

Los altares de egún tienen varios componentes y detalles
Susanne Bollinger, CC BY-SA 4.0< https://creativecommons.org/licenses/by-sa/4.0 >, a través de Wikimedia Commons
https://commons.wikimedia.org/wiki/File:SB090_Santer%C3%ADa_altar.JPG

Ubicación

La ubicación es el primer elemento a tener en cuenta. Si quiere un espacio donde no se le olvide su altar, necesita un lugar que llame la atención. Orar o rendir homenaje a los antepasados solo una vez al mes no ayuda a fomentar una conexión espiritual efectiva con ellos. Es algo que hay que cultivar continuamente.

Una vez que haya encontrado un espacio adecuado, limpie la zona y asegúrese de que esté ordenada y organizada. El desorden es una falta de respeto y puede capturar energías negativas del ambiente. El uso de sahumerios de salvia o romero también es útil para eliminar espíritus no deseados o patrones de pensamiento negativos. Las sahumerios se pueden usar de dos maneras diferentes. Una forma es simplemente encender el montón de hojas secas y agitarlo por la habitación durante unos minutos, dejando que el humo se infiltre y cree un manto blanco de energía positiva.

Otra forma de usar un sahumerio es colocar el ramo de hierbas u hojas en un tazón, encenderlo y dejarlo allí unos minutos, agitando el humo con una pluma. Haga esto hasta que todas las hojas se hayan quemado y el humo haga su magia dentro del espacio. Supongamos que no está seguro del tipo de hojas que debe usar. En ese caso, puede seguir esta regla: el cedro y la salvia son extrafuertes y su aroma permitirá una limpieza más profunda. Si hay mucho desorden en su espacio y requiere una limpieza profunda, también puede terminar el trabajo con un sahumerio de aroma fuerte. El romero es más suave y funciona igual de bien si siente que su espacio no requiere tanto trabajo. Es también es una buena opción si ha perdido recientemente a un ser querido y desea conmemorar su recuerdo. Los sahumerios de romero se usan a menudo para reconocer nuestro dolor, y son buenos para pedir orientación a los antepasados durante un momento difícil.

Algunas personas rezan una oración al Egún mientras usan el sahumerio, con la esperanza de que los espíritus puedan escuchar su llamado de ayuda y conexión. Se pueden usar diferentes oraciones para establecer comunicación. Es útil comenzar agradeciendo a los antepasados y luego dejar en claro su intención de rendirles homenaje. Haga esto hasta que el humo se disipe y se quede con una profunda sensación de claridad.

Estas prácticas ayudarán a construir una relación saludable con sus antepasados. Limpiar el entorno físico es el primer paso para sentirse mejor y preparar el santuario o altar.

Ya está listo para llevar a cabo los siguientes pasos.

Construcción del santuario

Una vez que haya limpiado el espacio y haya recitado sus oraciones iniciales, comience a armar el santuario. Que sea simple o complicado depende de usted, solo necesitará algunos elementos básicos.

- **Libro de la Sabiduría**

No nos referimos a un texto yoruba específico para comprar y dejar en casa. El libro lo ayuda a reflexionar y añadir significado a las realidades de cada día. Puede usar un libro de proverbios y meditaciones basados en tradiciones yorubas. Si no puede obtener un libro así, cualquier libro de sabiduría lo ayudará mental y espiritualmente a trascender el presente y obtener una perspectiva aplicable a su vida cotidiana.

- **Estatuilla pequeña o imagen de una deidad**

Si bien el uso de figuras no es tan necesario en las tradiciones yoruba, sigue siendo útil tener algo visible mientras reza en el santuario. Podría ser una pintura o una pequeña figura de un símbolo espiritual o deidad que signifique mucho para usted. Siéntase libre de elegir cualquier figura que le dé una sensación de paz, calma y estabilidad.

- **Velas**

Al igual que el humo y las hierbas, la presencia de fuego en el altar animará el área y proporcionará una chispa de energía positiva. Las velas blancas sin perfume funcionan bien, aunque puede colocar velas de colores que coincidan con la deidad o el símbolo de preferencia. Por ejemplo, Oshún a menudo se asocia con el amarillo, mientras que los colores rojo y dorado se asocian con Lakshmi.

- **Elementos naturales**

Ningún altar está completo sin algunos elementos de la naturaleza. Coloque un tazón pequeño, preferiblemente uno de cristal, y llénelo con agua. También puede colocar piedras preciosas, cristales crudos como amatista, cuarzo rosa, ámbar, etc. Cada piedra emite tipos específicos de energías, y pueden ser útiles para llevar a cabo el tipo de trabajo espiritual que le gustaría realizar a diario. Intente investigar los usos de los diferentes tipos de cristales antes de colocarlos en el altar. Las flores secas y otros elementos naturales proporcionan el toque perfecto y le permitirán sentirse rejuvenecido y en paz en su espacio sagrado.

- **Quemadores de aceite o incienso**

El incienso o los aceites nos dan una sensación de calma y pueden abrir la puerta a prácticas meditativas. Es por eso que se han utilizado en diferentes religiones en todo el mundo durante miles de años. Mientras se sienta frente a su altar o santuario por un corto tiempo, es bueno quemar una poco de incienso y permitir que esa sensación de paz lo envuelva. Trate de calmar su ansiedad y sus nervios antes de rezar al Egún. El incienso es justamente una gran manera de alcanzar esa paz.

- **Mesa y paño**

Por último, están los dos elementos principales sobre los que se extenderá todo esto: una mesa y un paño. Una mesa pequeña que no sea demasiado alta es clave, ya que necesita que sea lo suficientemente baja como para arrodillarse frente a ella. Se recomienda vidrio o madera; plástico, *no tanto*, pero servirá en caso de apuro. Luego, se debe colocar un trozo de tela limpio en la parte superior. No hay un color preferido, aunque muchos usarán tela blanca de algodón o alguna otra tela tejida.

- **Opcional: música**

Esto no es esencial, pero algunas personas sienten que agregar música tranquila y ambiental puede ayudar a preparar el espacio. Al igual que el uso de incienso o aceites, la música puede ayudar a establecer el estado de ánimo ideal, despejar su mente y permitirle deshacerse de cualquier sensación de ansiedad. Las canciones acompañadas de instrumentos tradicionales son útiles, aunque puede optar por paisajes sonoros, sonidos meditativos como la lluvia o mantras con música relajante. Haga lo que sienta útil, aunque muchas personas sienten que el silencio permite una experiencia más profunda y meditativa.

Ofrendas

Una parte importante de mantener un altar o santuario de Egún son las ofrendas. Los Egún a veces son vistos con miedo o asombro, ya que representan a los muertos, y a veces no estamos seguros de lo que necesitan de nosotros. Las ofrendas ayudan a moderar el ajetreo y el bullicio de la vida diaria y, dado que indican amor y respeto son muy útiles. Las ofrendas pueden tomar diferentes formas, aunque la forma más recomendable de hacerlo es preparar alimentos especiales que puedan agradar a los antepasados y colocarlos en platos alrededor del santuario. También puede ofrecerles diferentes bebidas, como café, té, vino, ron y otros. Algunas personas incluso llegan a ofrecer cosas más contemporáneas, como refrescos. Esto se deriva de la creencia de que alguien cercano y que ha fallecido recientemente es la versión reencarnada de uno de los antepasados.

Es costumbre ofrecer la comida en un plato astillado o agrietado, ya que esto indica la práctica de romper platos en el suelo cuando muere un sacerdote. Remontarse a las costumbres de los antepasados es un buen toque y demuestra que usted es muy consciente de sus vidas.

Al dejar sus ofrendas en el santuario, asegúrese de encender una vela blanca simbolizando una ofrenda de luz blanca para el Egún. Y no siempre tiene que dar comida y bebida. Algunas personas incluso pueden encender un cigarro para ofrecer humo de tabaco a sus antepasados, una costumbre muy apreciada. Un ramo de flores frescas en un jarrón cerca del santuario es otra ofrenda encantadora para los espíritus y señala su cuidado hacia ellos, ya que las flores se han utilizado tradicionalmente para honrar a los muertos. Sin embargo, esto depende de los tipos de espíritus que honre. Las flores se consideran impropias si se desea rezar a los Orishás, ya que, según los yoruba, no están muertos.

Si bien la mayoría de las ofrendas se hacen durante una ceremonia, como el Oriaté, no es siempre el caso. Nuevamente, se espera que usted use el santuario para cultivar su relación con el Egún, algo que debería hacerse cotidianamente y no en una celebración en particular. Puede hacer ofrendas cuando usted desee, aunque se recomienda que mantenga el ritual y lo haga al menos una vez a la semana. Algunos pueden realizar esta tradición todas las noches, mientras que otros entregan sus ofrendas de comida hasta tres veces al día. Cada vez que están a punto de comer con su familia, también colocan un pequeño plato para los espíritus. Encuentre el ritmo que tenga más sentido para usted, pero en general, cuando coloque ofrendas en el santuario, déjelas hasta que se echen a perder y deba desecharlas. En algunas prácticas, se espera que la comida y la bebida permanezcan en el lugar hasta que comiencen a crear moho. Si bien pueda parecer extraño, destaca la naturaleza de la muerte y, por lo tanto, cumple otra función espiritual que los sacerdote quieren señalar de vez en cuando durante sus sermones.

Sin embargo, si su santuario o altar está en casa, tiene más sentido atenderlo al menos una vez a la semana y no dejar las cosas allí por tanto tiempo. Los antepasados serán conscientes de sus intentos de llegar a ellos y fomentar una relación espiritual saludable a través de la práctica meditativa diaria, y ese es un paso importante a seguir a medida que continúe profundizando en la religión.

Entonces, probablemente se esté preguntando qué no incluir. Esto varía según el tipo de antepasado con el que intente conectarse, pero la regla general es evitar el uso de animales vivos o muertos. Por ejemplo, las partes de animales, insectos y aves disecados también están mal vistas. Las flores que se han echado a perder o se han descompuesto tampoco son deseadas, al igual que la sangre, y la mayoría de los amuletos tampoco son necesarios. No incluya rosarios, collares o palos de ningún tipo, independientemente de su uso, que sean más grandes que un lápiz estándar, ya que no se consideran parte de las ofrendas tradicionales en un altar. Además, aunque mencionamos que algunos dejan ofrendas de comida hasta descomponerse, tenga en cuenta que es un tema bastante polémico, y es mejor evitarlo, en la medida de lo posible.

Preguntas frecuentes

Hasta aquí usted ha aprendido los conceptos básicos de la creación de un altar o santuario, pero es probable que todavía tenga algunas preguntas pendientes. Las siguientes son algunas de las preguntas más frecuentes sobre la creación de un altar. Con suerte, las respuestas le resultarán útiles.

1. **¿Puedo dedicar un altar a más de un antepasado?**

La respuesta corta es que sí. Lo principal a tener en cuenta es que no todos los espíritus disfrutan de las mismas ofrendas que los demás, así que asegúrese de estudiar cada una de sus características definitorias y construya su santuario en consecuencia.

2. **¿En qué se diferencia el altar de Egún de otros altares ancestrales, como los basados en las tradiciones occidentales?**

Un altar de Egún rinde homenaje principalmente a los antepasados basados en las tradiciones yorubas. Sin embargo, también puede incluir imágenes de sus antepasados inmediatos, aquellos a quienes haya perdido recientemente, y rendir homenaje a sus espíritus también. En la mayoría de los casos, no hay separación entre lo que consideramos nuestros antepasados inmediatos y los Egún, y la forma en que nos gustaría rendirles homenaje puede ser similar.

En las tradiciones occidentales, un santuario suele estar dedicado exclusivamente a la figura religiosa al frente de la vida espiritual cotidiana, y es raro que represente nuestra historia reciente de fusión con figuras consideradas antiguas. Por ejemplo, en el cristianismo, el santuario estará dedicado principalmente a Jesucristo y, a veces, a la Virgen María. Realmente no encontrará la imagen de un ser querido fallecido en el mismo santuario.

3. ¿Puedo -o debería- mantener más de un altar en una casa?

Esto es más complicado. Si bien, en teoría, puede mantener más de un altar en el hogar, en la práctica, esto puede ser difícil de sostener. No sería bueno enojar al Egún descuidando algunos aspectos o teniendo en cuenta demasiadas cosas al mismo tiempo, invocando más espíritus de los necesarios. Tener un balance es clave para establecer un equilibrio con los antepasados y familiarizarse con las complejidades de los yorubas, y puede ser difícil mantener más de un santuario en el hogar.

Una ola de recuerdos

Mientras prepara su santuario y se prepara para la oración, encienda la vela y arrodíllese ante ella. Cierre los ojos, recuerde a sus seres queridos, imagine conectarse con los ancestros y sea receptivo a los mensajes que le envíen. Comience a identificar las cualidades que significan mucho para usted y las cosas que espera repetir, como el coraje, la generosidad, la amabilidad y la creatividad. Imagine manifestar esas características dentro de usted y orar a los antepasados para que lo guíen. Mientras trabaja para desarrollar esta conexión con ellos, asegúrese de seguir llamándolos durante todo el día para encontrar claridad y sentir un sentido de pertenencia.

El santuario o altar es una forma de conectarse con los Egúns, pero es solo un punto de partida. Debe trabajar durante todo el día para encontrar pequeños momentos de oración y recuerdo para que su práctica espiritual se profundice con el tiempo. Hay muchos libros de oraciones basados en la religión yoruba que puede consultar para obtener más orientación y que puede usar para aprender a orar en el altar. Al final, recuerde que un altar es su propio espacio personal, y debe crecer con usted a medida que su espiritualidad crece.

Capítulo 8: Más formas de venerar a sus antepasados

Ahora que sabe cómo construir un altar ancestral, es hora de aprender otras formas de venerar a sus antepasados. Desde la meditación hasta el canto y el oriki, como también llevar una vida honorable siguiendo a Odu Ifá, este capítulo le ofrece varias formas sencillas de honrar su linaje. Dependiendo de lo que le parezca mejor o de cómo esté construido su altar, puede venerar a sus antepasados de su altar o santuario.

Meditación ancestral

Una de las mejores maneras de honrar y conectarse con cualquier espíritu es a través de la meditación. Funciona también para la comunicación con almas ancestrales. Medite con sus antepasados en su altar para facilitar la comunicación y concéntrese en visualizarlos. Si no tienes un santuario o altar, puede meditar frente a una ventana abierta. Antes de comenzar, coloque una vela en su altar (o en el alféizar de la ventana) junto a la imagen de sus antepasados. También puede meditar frente a un símbolo de su hogar ancestral. Mientras enciende la vela, exprese su gratitud a los antepasados por ponerse en contacto con usted y compartir la sabiduría que adquirieron a lo largo de sus vidas. Agradecer a sus antepasados por su ayuda, además de ser algo educado, es algo que ellos apreciarán. Apreciarán que se tome unos minutos al día para pensar en ellos y estarán dispuestos a ayudarlo cuando los necesite.

La meditación le permite conectar con su espíritu
https://www.pexels.com/photo/woman-meditating-in-the-outdoors-2908175/

Piense lo que desea preguntarles. ¿Necesita pedirles orientación, salud, información o ayuda para resolver algún problema? Si no tiene una intención específica en mente (ya sea porque no necesita ayuda con nada o porque su único propósito es profundizar su vínculo con ellos), pregúnteles si tienen algún mensaje para usted. A veces, tienen mensajes poderosos para compartir, y están esperando que les pregunte.

Siéntese frente a su altar o ventana. Despeje su mente de todo menos de su intención. Tome unas cuantas respiraciones profundas para calmar su mente y cuerpo, y luego concéntrese. Después de hacer esto durante un par de minutos, cierre los ojos y visualice una escena natural que le resulte familiar. Imagínese parado allí, disfrutando de cada detalle. Esto hará que la experiencia sea más auténtica y facilitará el resto del proceso. Intente anclarse en este espacio sereno y luego invoque a los antepasados que quiera conocer. Puede llamar a un alma o a todo su linaje. Se recomienda este enfoque para principiantes que aún están aprendiendo los conceptos básicos de la comunicación espiritual. Si está llamando a más de un alma, esté abierto a recibir a quien aparezca. A veces lo sorprenderán y recibirá mensajes de alguien que no espera que lo ayude.

Una vez que las almas ancestrales se hayan materializado frente a sus ojos, siéntase libre de hacerles cualquier pregunta. Sea educado, pero abierto sobre sus necesidades. Sus antepasados tienen acceso a mucha sabiduría, y están listos para compartirla con usted y no lo juzgarán por pedir ayuda. En la mayoría de los casos, escucharán y ofrecerán consejos sobre cómo proceder. Dicho esto, cuando hable con ellos a través de la meditación, le compartirán algo de información, pero no le dirán exactamente qué hacer. Escuche atentamente cualquier historia que le cuenten y las imágenes que le muestren. Mantenga su mente abierta a cualquier otro mensaje.

Cuando haya terminado de recibir mensajes ancestrales, deje que la imagen de los antepasados y la escena natural se desvanezcan mientras susurra un suave agradecimiento. Abra los ojos, apague la vela y deje que su mente vuelva a sus preocupaciones diarias.

Llevar una vida justa

Vivir una vida justa es una parte fundamental de las tradiciones yorubas. Sus antepasados reunieron toda su sabiduría porque se mantuvieron fieles a los valores espirituales positivos. Estos siempre se transmitían a la siguiente generación, para que también pudieran vivir una vida honorable y espiritualmente plena. Algunos de estos provienen del oráculo Ifá, un sistema de adivinación yoruba. Los mensajes divinos recibidos a través de este sistema son decodificados por Babalawos e Iyanifas. Entre la información traducida hace miles de años había 16 principios básicos, que forman la base de Odu Ifá, una colección de verdades que las personas justas deberían seguir. Según la tradición, 16 Babalawos visitaron Ile Ife, con la esperanza de obtener la vida eterna. Se les concedió su deseo, con la condición de que tuvieran que seguir las 16 verdades de Ifá.

Las verdades son las siguientes:

1. Solo hay un creador. Olodumare es el único ser que hizo que todas las cosas cobraran vida, incluido el universo. Sellar una intención en nombre del creador supremo es una forma segura de garantizar que se manifieste.

2. Nuestro universo es benevolente. El universo fue creado por Olodumare, cuyo poder es puro; por lo tanto, su creación no puede ser contaminada. Esto permite a las personas acceder a recuerdos e información del pasado, presente y futuro.

3. No tenga miedo de enfrentarse a los retos. Los orishás que enfrentaban los obstáculos de la vida eran recompensados por su esfuerzo, mientras que los que vivían con miedo sufrían. Consultar con líneas ancestrales puede ayudarlo a reunir el coraje para enfrentar los desafíos más difíciles.

4. No hay una sola fuerza maligna poderosa. El diablo, como se le llama en otras culturas, no existe, y tampoco el infierno. Sin embargo, las posibilidades de influencias negativas son ilimitadas.
5. Tiene derecho a ser amado y exitoso. Nunca crea que no merece amor o que no merece alcanzar sus metas y sueños. Aceptar su derecho de nacimiento lo acerca un paso más al crecimiento espiritual.
6. Estamos en constante transición entre dos lugares, uno es el cielo (el verdadero hogar de nuestra alma) y el otro se llama "el mercado" (un espacio de transición para las almas). La muerte termina con muchas cosas malas y permite que el alma comience de nuevo.
7. Cada parte suya es parte del universo. En espíritu, usted es uno con el universo, como todas las demás creaciones de Olodumare. Prestar atención a lo que lo rodea puede ayudarlo a aprender sobre usted mismo.
8. Su carácter y rasgos de personalidad determinan su destino. Sea cual sea la forma en que su carácter lo haga pensar, sentir y actuar, determinará su destino. El buen carácter lo ayudará a cumplir su destino.
9. Mostrar superioridad es un signo de mala influencia. Solo Ifá puede ser superior a cualquier otro ser. Ni siquiera los Babalawos y los orishás pueden mostrar superioridad entre sí. Nadie es superior y nadie está exento de cometer errores. Quejarse de los errores de otras personas y hacer caso omiso de los suyos es un signo de falsa superioridad.
10. Nunca inflija daño a los demás, incluso si son malvados. Deje que su maldad los consuma. Ser bueno atraerá muchas bendiciones de los antepasados, las deidades y Olodumare, mientras que causar daño hará que las pierda.
11. No dañe el universo. Cada parte es sagrada y debe tratarse con respeto. Debe respetar a los espíritus para mantenerlos de su lado en caso de que los necesite.
12. No discrimine a los demás. Cada persona tiene su propio valor, independientemente de su apariencia o personalidad. El mayor obstáculo es la ignorancia. Este rasgo negativo también puede privarlo de la abundancia, y acabará siendo tan débil como aquellos a quienes discrimina.

13. Olodumare creó la diversidad por una razón, y debe celebrarse porque puede unir a las personas y a otros seres. Las personas nacen con todo un espectro de potenciales, lo que le permite elegir cuál manifestar.
14. Puede elegir su destino y sus guardianes. Cualquiera que sea el camino que establezca para usted y para el orishá que elija para guiarlo en este camino, depende solo de usted. Ofrecer sacrificios a los orishás es una excelente manera de asegurarse de recibir la asistencia que necesita.
15. Practicar la adivinación es una excelente manera de encontrar su camino. Siempre que necesite consejos sobre cómo cumplir su destino, consulte a Ifá. Le garantizará una vida larga y próspera.
16. Sus objetivos deben ser reunir sabiduría y crecer a nivel personal. Estos son necesarios para el crecimiento espiritual y una vida equilibrada. Las oraciones y otras formas de disciplina espiritual son clave para el crecimiento espiritual.

Según los yorubas, los Babalawo no siguieron las 16 verdades y, en consecuencia, murieron. Sin embargo, todos los antepasados lo hicieron, lo que permitió que sus almas siguieran adelante y pasaran por varios ciclos de vida para reunir toda la sabiduría posible. Las verdades son simples decretos que cualquiera puede seguir a diario, y hacerlo es una de las mejores maneras de rendir homenaje a sus antepasados.

Seguir las 16 verdades de Ifá

Aquí hay algunos consejos sobre cómo seguir las 16 verdades de Ifá:

Hablar solamente de lo que sabe

No hable sobre algo de lo que no tiene conocimiento. El hecho de que piense que algo es verdad no significa que lo sea a menos que lo verifique. Solo hable sobre temas de los que tenga conocimiento. Esté preparado para escuchar a otras personas que hablan sobre cosas que no le son familiares. Lo mismo se aplica a los rituales y ceremonias. Realice solo aquellas que haya practicado antes y en las que haya tenido éxito.

No engañe a la gente

No engañe a los demás con sus acciones o palabras. Esto podría hacer que la gente piense erróneamente sobre algo que piensa o siente. Intente guiarlos por el camino correcto en lugar de ser siempre transparente. Sea abierto sobre lo que ofrece y lo que espera de ellos.

De la misma manera, tenga una mente abierta al comunicarse con sus antepasados. También debe ser abierto al comunicarse con otras personas.

No pretenda ser sabio

Recuerde, no importa cuánta sabiduría haya reunido a lo largo de su vida o cuánta información haya recibido por parte de los antepasados y los orishás. Siempre puede obtener más información. Siempre habrá cosas que no sabe, así que no finja que es la fuente de toda sabiduría. Las personas sabias nunca hacen eso. En cambio, continúan aprendiendo porque son conscientes de la inmensa cantidad de conocimiento que aún pueden reunir.

Sea humilde

Las personas sabias son humildes y nunca dejan que sus egos se interpongan en su camino. A veces, dejar de lado el ego es un desafío y se siente injusto negarse a sí mismo. Sin embargo, esta puede ser otra oportunidad de aprendizaje y una excelente manera de fortalecer su carácter, lo que lo llevará a cumplir su destino.

Siempre tenga buenas intenciones

Las malas intenciones tienen una influencia negativa en su bienestar espiritual. También pueden impedirle la comunicación espiritual, honrar a sus antepasados y cumplir su destino. Esto también puede ser un desafío, especialmente si otros no tienen buenas intenciones hacia usted. Sin embargo, si adopta un enfoque positivo, podrá prosperar a pesar de las intenciones maliciosas de otros. Lo mismo se aplica a los tabúes y prohibiciones. Estos nunca deben romperse ni debemos faltarles el respeto. De lo contrario, tendrán el mismo efecto que las malas intenciones.

Honre sus herramientas y espacios sagrados

Una excelente manera de venerar a sus antepasados es mantener las herramientas que utilice para comunicarse con ellos limpias de energías negativas. Esto se aplica a los símbolos, imágenes y otros artículos que usa para sus prácticas de veneración ancestral, incluido su altar. Su cuerpo y su mente también son herramientas esenciales, y también deberá limpiarlas con regularidad. Tomar baños de limpieza y pedir a los orishás que lo ayuden a purificar su cuerpo y mente a través del baño es una excelente manera de expulsar toda la energía negativa que potencialmente haya sobre usted.

Respetar a los demás

Siempre debe respetar las opiniones y acciones de otras personas, ya sea que esté de acuerdo con ellas o no. Preste especial atención a no faltar al respeto a sus mayores o a los más débiles. Los ancianos son más sabios que usted, y nunca sabe cuándo podría necesitar su ayuda. Las personas más débiles (incluidas las personas con discapacidad) también deben ser respetadas porque su debilidad no es culpa suya. Además, pueden contribuir espiritualmente a la comunidad tanto como cualquier otra persona sin debilidad o discapacidad.

Respete las leyes

Esto se aplica tanto a las leyes morales como a las legales. Ambas existen por una razón: hacer de las comunidades humanas un lugar donde todos puedan convivir en paz. Seguir las leyes legales puede hacerle la vida mucho más fácil porque evitará sanciones. Seguir los códigos morales de conducta le da mucho más. Siempre que sus valores se alineen con las leyes morales, mantenerse fiel a sus valores puede darle tranquilidad. Asegúrese de enfocarse en valores que se adhieran a los códigos morales tácitos más comunes, y no tendrá ningún problema en respetar estos últimos.

Cultive sus amistades

Póngase a disposición de sus amigos cuando lo necesiten y ellos harán lo mismo por usted. Nunca los traicione revelando sus secretos o hablando de ellos a sus espaldas. Respete a sus seres queridos, tal como le gustaría que respetaran a los suyos. Honre las decisiones que toman, incluso si no está de acuerdo con ellas. Si desea expresar un descontento, hágalo con cuidado. Nunca les diga por qué cree que no deberían hacer algo.

Cantar y orar

Cantar y orar son dos métodos que lo ayudarán a liberarse del mundo material y son excelentes herramientas para conectarse con sus antepasados. Cantar significa ofrecer oraciones, afirmaciones y otras palabras habladas, como poemas o canciones. Puede orar a sus antepasados de una manera tradicional o cantar las oraciones mientras se comunica con ellos. Hay varias formas de oraciones, todas son maravillosos recordatorios de su poder, así como del poder de sus antepasados.

Alabanzas

Honrar a los antepasados es una excelente manera de mantener la comunicación entre usted y su línea ancestral. Aquí hay un verso de alabanza que puede ofrecer a sus antepasados mientras está sentado en su altar:

> *"Yo honro al universo y a su creador Olodumare.*
>
> *Honro a la naturaleza y a todos sus habitantes.*
>
> *Honro a mis guías espirituales, pero sobre todo,*
>
> *Honro a mis antepasados.*
>
> *A los que vinieron antes que yo*
>
> *Honro a los que lucharon, al igual que yo".*

Gratitud

Los cantos y las alabanzas también pueden expresar gratitud. Aquí hay una oración para expresar su aprecio por los antepasados:

> *"Gracias por ayudarme a despertar esta mañana con una actitud positiva.*
>
> *Gracias por ayudarme en mi viaje*
>
> *y por aquellos que enviaron a acompañarme en el camino.*
>
> *Les agradezco por ser parte de mi familia y mi comunidad*
>
> *y por brindarme el apoyo que necesito".*

Perdón

A veces, tendrá que ser humilde y simplemente pedir perdón. Aquí hay un ejemplo de cómo pedir a su ascendencia:

> *"Pido perdón por no seguir su consejo.*
>
> *Perdóneme por ofenderlos con mi ignorancia.*
>
> *Perdónenme por el daño que esto causó a mi familia y a mí.*
>
> *Perdónennos a todos nosotros, sus descendientes vivos, por lastimarnos unos a otros".*

Pedir bendición y protección

Las oraciones y los cantos también pueden servir como una herramienta de comunicación cuando quiere pedir protección o bendición a sus antepasados:

> *"Antepasados, les pido que me protejan*
>
> *De pérdidas, enfermedades y muerte.*

También les pido que me proteja de los conflictos y de las manos de mis enemigos.

Por favor, ayúdenme a tener una larga vida y buena salud.

Ayúdenme a mantener la calma, la fortaleza y la resiliencia cuando enfrente desafíos.

Ayúdenme a ver las cosas con claridad y a ser valiente y cariñoso".

Crear un oriki familiar

Los yoruba son conocidos por tener una forma única de poema de alabanza o canto llamado oriki. Tienen orikis para los orishás, guías espirituales, los antepasados y los vivos. Este último recibe su oriki en la infancia, pero también puede escribir poemas de alabanza para adultos. En los niños, los orikis elogian el carácter positivo que los adultos quieren que desarrollen. Mientras que los orikis hechos para adultos no siempre son halagadores. Las familias también tienen sus orikis, que se transmiten por la línea masculina. Si bien los niños pueden aprender el oriki de la familia de su madre, este no se transmite luego. Las futuras novias deben memorizar el oriki familiar de sus futuros esposos antes de su boda.

Crear un oriki para su familia es una forma de reconocer su linaje ancestral y su identidad. También le permitirá descubrir lo que cada miembro tiene en común, algo útil cuando necesita ayuda con un problema específico. Tendrá más almas a las que recurrir y mejores posibilidades de encontrar una resolución.

Para escribir su oriki familiar, deberá investigar los logros, las creencias, el comercio, el comportamiento típico, las fortalezas y las debilidades de los miembros individuales. También puede investigar sus desafíos y sus aspiraciones. Una vez que haya recopilado toda esta información, puede comenzar a añadirla junto a los nombres de los miembros de la familia. Para los miembros masculinos, escriba frases cortas que describan sus fortalezas y cómo superan los desafíos. Para los miembros femeninos, las frases deben ilustrar cómo apoyaban a sus familias y lo que les gustaba hacer.

Capítulo 9: La reencarnación en la filosofía yoruba

En la cultura yoruba, el concepto de reencarnación es fundamental para las creencias sobre el más allá. Según la tradición, el espíritu de una persona muerta renacerá en otro cuerpo, y este ciclo continuará hasta que el espíritu alcance un estado de perfección espiritual. Esta creencia ayuda a explicar por qué muchos yorubas le dan tanta importancia al culto a los antepasados. Creen que los espíritus de sus antepasados todavía están presentes en el mundo y pueden influir en sus vidas. También ayuda a explicar por qué ciertas familias tienen tantos hijos. Creen que cada niño representa otra oportunidad para que los antepasados de la familia alcancen la perfección espiritual. En última instancia, la creencia en la reencarnación es solo una de las muchas formas en que el pueblo yoruba intenta dar sentido al ciclo de la vida y la muerte.

Hay varias razones por las que alguien puede reencarnarse, incluidos los asuntos pendientes o los problemas no resueltos de su vida anterior. Se cree que los Yetunde deben completar cualquier tarea que no hayan podido en su vida anterior para pasar al siguiente nivel de existencia. Este ciclo de nacimiento y muerte se conoce como "samsara".

La muerte en la cultura yoruba

En la cultura yoruba, la muerte no se ve como el final de la vida, sino más bien como una transición a otro reino. Se cree que el alma abandona el cuerpo en el momento de la muerte y entra en el mundo de los espíritus, donde pasará la eternidad. Si el alma no puede encontrar su camino hacia el mundo de los espíritus, puede permanecer atada a la tierra y convertirse en un fantasma. La creencia en los fantasmas es muy fuerte en la cultura yoruba, y se dice que pueden causar un gran daño a los vivos si no se respetan adecuadamente. Se cree que el espíritu del difunto continúa viviendo en el mundo de los antepasados y que puede influir en la vida de sus familiares. Como tal, es importante mantener una buena relación con los antepasados, ya que pueden proporcionar orientación y protección. Cuando alguien muere, se dice que su espíritu va a la "tierra de los muertos vivientes", donde Olodumare, el dios creador, los juzgará. Si han vivido una buena vida, se les permitirá entrar al cielo. Si no, serán enviados de regreso a la tierra para vivir sus vidas sufriendo. En cualquier caso, se cree que los antepasados todavía pueden interactuar con los vivos, y, por ende, es importante honrarlos a través de la oración y las ofrendas.

La muerte es, por lo tanto, un asunto muy serio. Se tiene mucho cuidado para garantizar que los muertos sean conmemorados adecuadamente y que sus espíritus puedan seguir adelante. En la cultura yoruba, la muerte no se ve como el final de la vida, sino más bien como una transición a otro reino.

La inmortalidad en la cultura yoruba

En la cultura yoruba, la inmortalidad es un concepto clave. El objetivo final es alcanzar la inmortalidad, y esto puede lograrse de varias maneras. Una es lograr la inmortalidad física, lo que significa que el cuerpo no envejece ni se descompone. Esto se puede hacer a través de rituales mágicos y hechizos. Otra forma es lograr la inmortalidad espiritual, lo que significa que el alma no perece después de la muerte. Esto se puede hacer alcanzando un alto nivel de desarrollo espiritual e iluminación. Finalmente, uno puede lograr un recuerdo inmortal. Es decir, que el nombre y los logros de uno serán recordados mucho tiempo después de la muerte. Esto se puede hacer logrando grandes cosas en la vida y dejando un legado duradero. En la cultura yoruba, hay muchas maneras de alcanzar la inmortalidad, y cada individuo debe elegir su propio camino.

Reencarnación o atunwa en la cultura yoruba

En la cultura yoruba, existe la creencia de que el alma nunca muere. En cambio, renace en otro miembro de la familia. Esto se denomina "atunwa". Al morir, el alma abandona el cuerpo y entra en un estado de limbo. Permanece allí hasta que se reencarna en otro miembro de la familia. El ciclo de la vida y la muerte es continuo, y el alma renace constantemente en nuevos cuerpos. Esta creencia ayuda a explicar por qué muchos yorubas están tan apegados a sus familias. Ven a sus seres queridos como individuos y reencarnaciones de antepasados anteriores. De esta manera, atunwa proporciona una sensación de continuidad y conexión entre los vivos y los muertos. También ayuda a explicar por qué muchos yorubas tienen mucho cuidado en los rituales funerarios. Creen que el alma debe estar adecuadamente preparada para su viaje al más allá, y esos ritos funerarios garantizarán que el alma renazca en un buen hogar.

En la cultura yoruba, el concepto de renacimiento familiar o lineal se ilustra vívidamente a través de cuatro figuras importantes: Babatunde, Yetunde, Babatunji y Sotunde. Cada figura ofrece una perspectiva única sobre el renacimiento familiar en la cultura yoruba. Combinados, proporcionan una imagen completa de este importante concepto.

- **Babatunde**

Babatunde es un concepto en la cultura yoruba que explica cómo un padre puede regresar a su familia a través de la reencarnación. Según las creencias del pueblo yoruba, el alma de un padre fallecido puede renacer en un nuevo cuerpo, y este nuevo hijo heredará el nombre y la posición del padre dentro de la familia. En la cultura yoruba, un padre que regresa a casa es motivo de gran celebración. Babatunde, o "regreso del padre", es una ocasión especial que celebra que el jefe de familia regresa con su familia después de estar ausente por un período prolongado. El evento se celebra con música, baile y banquete, y todos los miembros de la comunidad son bienvenidos a unirse a las festividades. El regreso del padre es visto como un símbolo de esperanza y renovación, y se cree que su presencia traerá paz y prosperidad a la casa. En este día, las familias se reconectan y reafirman sus lazos de amor y respeto. El regreso del padre es un momento de alegre reunión y celebración en la cultura yoruba.

Si bien algunas culturas pueden ver esto como una forma de reencarnación, los yoruba creen que es más que una simple transferencia del alma. En cambio, lo ven como una forma de que el padre fallecido mantenga su conexión con su familia y continúe desempeñando un papel importante en sus vidas.

"Babatunde" es un nombre de origen yoruba que se da a los hombres. Está estrechamente asociado con la creencia en la reencarnación dentro de la cultura. El nombre se le da a un niño que se cree que es el espíritu reencarnado de un pariente o antepasado. El nombre también se puede dar a un niño nacido en una familia con una fuerte tradición de espiritualidad y misticismo. "Babatunde" es también un nombre popular en Nigeria y en la diáspora yoruba. El nombre fue llevado por varias personas notables, incluido un rey nigeriano del siglo XVI, una reina guerrera de África Occidental del siglo XVIII y un escritor y político nigeriano del siglo XX. El nombre ha ido ganando popularidad recientemente en los Estados Unidos.

Si bien el concepto de Babatunde puede parecer extraño para algunos, es una parte importante de la cultura yoruba y ayuda a explicar sus creencias sobre el más allá. Para muchas personas, la idea de que su padre regrese a ellos después de la muerte es un consuelo, dándoles una sensación de continuidad entre esta vida y la siguiente. Ya sea que crea o no en la reencarnación, el concepto de Babatunde es una visión interesante del sistema de creencias de otra cultura.

- **Yetunde**

En la cultura yoruba, la creencia en la reencarnación se extiende a la idea de Yetunde, que es una madre que regresa con sus hijos en una nueva vida. Según esta creencia, el amor de una madre es lo suficientemente fuerte como para durar varias vidas. Además, se dice que el alma de un niño que muere joven se reencarnará en el cuerpo de otro niño que nazca poco después. Este ciclo de reencarnación asegura que el vínculo entre madre e hijo nunca se rompa. Yetunde es una parte importante de la cultura y el sistema de creencias yoruba. Es un reflejo del profundo respeto y amor que los yorubas tienen por sus madres. También destaca la importancia de los lazos familiares y cómo pueden extenderse más allá de una sola vida. En algunos casos, las Yetunde pueden no recordar su vida anterior o solo tener recuerdos vagos. Sin embargo, creen que todavía se sentirán atraídas por ciertas personas y lugares con los que estuvieron conectadas en sus vidas pasadas.

- **Sotunde**

Sotunde era un joven que murió repentinamente. Cuando llegó al más allá, se sorprendió al descubrir que todavía podía ver y escuchar lo que estaba sucediendo en la Tierra. Preguntó a los espíritus por qué, y le dijeron que era porque aún no se había reencarnado. Dijeron que, si quería, podía elegir regresar a la Tierra y vivir de nuevo, pero le advirtieron que olvidaría todo sobre su vida anterior. Sotunde lo pensó y decidió que quería regresar a la Tierra.

Cuando Sotunde despertó, se encontró en el cuerpo de un bebé. No recordaba nada de su vida anterior, pero todavía podía escuchar las voces de los espíritus. Le decían cosas sobre su vida pasada y lo que tenía que hacer en su nueva vida. Sotunde siguió su consejo y vivió una buena vida. Cuando murió de nuevo, renació como un elefante. Y así continúa a lo largo de la eternidad: el espíritu de Sotunde renace repetidamente, cada vez aprendiendo más y volviéndose más sabio hasta que finalmente logran la iluminación. Esta historia ilustra la creencia yoruba de que todos somos almas inmortales que renacemos constantemente en cuerpos diferentes. Sotunde representa al sabio que regresa. Encarna la importancia del conocimiento y la comprensión en la familia. También muestra que nuestras acciones en una vida pueden afectar nuestras experiencias en vidas futuras.

En la cultura yoruba, la reencarnación es la creencia de que, luego de morir, el alma renace en otra persona o animal. Esta creencia se basa en la idea de que una parte inmortal del alma humana vive después de la muerte. El concepto de reencarnación también se encuentra en otras culturas de todo el mundo, incluyendo el hinduismo y el budismo. En la cultura yoruba, se cree que las acciones de una persona en su vida anterior determinan cómo renacerá en su próxima vida. Por ejemplo, si una persona fue malvada en su vida anterior, podría renacer como una serpiente o una rata en su próxima vida. Por el contrario, si una persona era buena en su vida anterior, podría renacer como un humano o un elefante en su próxima vida. La historia de Sotunde es un popular cuento popular yoruba que ilustra esta creencia.

- **Babatunji**

En la cultura yoruba, Babatunji es el nombre del padre que se despierta una vez más. El concepto de Babatunji se basa en la creencia de que los muertos pueden renacer y despertar a una nueva vida. Este renacimiento puede tener lugar ya sea en forma de un nuevo bebé o a través de la reencarnación de una persona mayor. Los yoruba creen que cuando uno muere, su espíritu volverá a otra vida, por lo que continúan honrando los valores y las enseñanzas transmitidas por sus padres incluso después de que se hayan ido.

La importancia de este concepto se destaca a través de diversas prácticas culturales, incluidas las ceremonias de nombramiento, los ritos de iniciación y los rituales que rodean la muerte. En las ceremonias de nombramiento, los padres pueden mirar hacia atrás a sus propias familias para encontrar inspiración para nombres significativos o traer energía positiva a la vida de sus hijos. También se sabe que los ritos de iniciación se llevan a cabo en honor al padre. Durante estos ritos de iniciación, las enseñanzas y los ejemplos de la vida del padre se comparten entre los presentes.

Cuando ocurre una muerte, el pueblo yoruba a menudo celebra Babatunji, ya que simboliza que el padre de uno ha dejado este mundo, pero que su espíritu permanecerá vivo a través de ellos y sus hijos. Pueden expresar su dolor por la pérdida de su ser querido, pero también se consuelan al saber que él vivirá a través de ellos. Esta creencia ayuda a traer paz y curación cuando se trata de circunstancias difíciles como la enfermedad o la muerte. Babatunji es un concepto importante para muchas comunidades yorubas y se utiliza para recordar a las personas los valores que deben defender en sus vidas. Babatunji es una forma de honrar y recordar a los padres que han fallecido y aún viven a través de sus hijos. A través de este concepto, el pueblo yoruba mantiene viva la memoria y las enseñanzas de su padre para las generaciones venideras.

Tipos de reencarnación en la cosmología yoruba

En la cosmología yoruba, hay tres tipos principales de reencarnación: atunle, orisa y egbe. De estos, el atule es el más común y se refiere al renacimiento del alma humana en un nuevo cuerpo humano. Esto puede suceder inmediatamente después de la muerte del cuerpo anterior o muchos años después. El atunle suele verse como un acontecimiento positivo, que representa la continuación del viaje del alma por la vida. Se cree que cada vida es como un peldaño en una escalera, que conduce cada vez más cerca de Orunmila, el dios creador.

En algunos casos, el atunle puede verse como algo negativo. Supongamos que alguien muere de una manera particularmente violenta o trágica, por ejemplo. En ese caso, su alma puede renacer en una vida difícil para trabajar a través de su karma. Sin embargo, incluso en tales casos, se cree que eventualmente, el alma será liberada del ciclo de renacimiento y alcanzará la salvación.

Esto último se suele considerar más deseable, ya que permite que el alma descanse y se rejuvenezca antes de asumir una nueva forma física. La reencarnación orisa ocurre cuando el alma humana renace en un cuerpo animal. Esto generalmente se ve como un castigo por malas acciones en una vida anterior y, por lo tanto, se considera relativamente raro. Finalmente, la reencarnación Egbe se refiere al renacimiento del alma humana en un objeto inanimado, como una roca o un árbol. Esto es extremadamente raro y generalmente solo se ve en los casos en que el alma ha cometido una ofensa muy grave en su vida anterior.

Posibilidades de veneración ancestral (a pesar de atunwaye)

Atunwaye es la creencia de que todo en el universo está conectado y que todos los seres humanos descienden de un ancestro común. Esta creencia está en el corazón de la veneración ancestral, que es la práctica de honrar a los antepasados. Se basa en la idea de que nuestros antepasados están con nosotros incluso después de la muerte y que pueden ayudarnos a alcanzar nuestras metas en la vida. Si bien el atunwaye puede parecer un concepto extraño para algunos, en realidad está muy extendido. En muchas culturas, el culto a los antepasados es una parte esencial de la vida. En China, por ejemplo, se cree que los antepasados pueden ayudar a traer buena fortuna y protegerse contra la desgracia. Como resultado, las familias chinas a menudo hacen ofrendas a sus antepasados, como comida e incienso. En Japón, el culto a los antepasados se conoce como "ubasoku" y se considera una práctica profundamente espiritual. Las familias a menudo visitan las tumbas de sus antepasados para presentar sus respetos, y también pueden orar o realizar danzas tradicionales en su honor. Si bien atunwaye puede parecer un concepto extraño para algunos, en realidad es bastante común. En muchas culturas de todo el mundo, el culto a los antepasados es una parte importante de la vida.

¿Qué almas se reencarnan bajo el concepto de Atunwa de la cultura yoruba?

Según la cultura yoruba, hay dos tipos de almas: el orí, que es la esencia espiritual del individuo, y el ayanmo, que es la parte del alma que se une con los demás después de la muerte para formar un espíritu ancestral. El ayanmo es lo que reencarna, y se cree que cada persona tiene múltiples ayanmos. Cuando una persona muere, su ayanmo va al mundo de los espíritus, donde espera que nazca un nuevo cuerpo. El ayanmo puede elegir reencarnar en cualquier criatura viviente, incluidos humanos, animales y plantas. También se cree que el ayanmo puede influir en los acontecimientos de su vida y que es posible que el mismo ayanmo se reencarne varias veces. En consecuencia, todos tienen el potencial de relacionarse con todos los demás a través de su ayanmo.

¿Qué sucede si venera a un antepasado que puede haber reencarnado?

Se cree que cuando una persona muere, su alma renace en otra persona o animal. Como resultado, es posible que alguien a quien venera como antepasado haya renacido en otra persona. Si esto sucede, no hay necesidad de preocuparse. Todavía es posible honrar y respetar la memoria de su antepasado haciendo ofrendas a su espíritu, contando historias sobre ellos y manteniendo su memoria viva en su corazón. En última instancia, ya sea que su antepasado se haya reencarnado o no, siempre estará con usted en espíritu. Y mientras los recuerde y los guarde en su corazón, nunca se habrán ido realmente.

¿En qué se reencarnan los espíritus (solo humanos, animales, insectos, etc.)?

Hay muchos sistemas de creencias diferentes en todo el mundo cuando se trata de lo que le sucede a nuestros espíritus después de morir. Algunos creen que nos reencarnamos en otro ser humano, otros creen que nos convertimos en animales y otros se convierten en plantas o insectos. En la cultura yoruba, existe la creencia de que nuestros espíritus pueden renacer en cualquier forma dependiendo de cómo vivimos nuestra vida anterior. Si lleváramos una buena vida y fuéramos amables y generosos, entonces reencarnaríamos en una forma superior. Sin embargo, si llevamos una mala vida llena de egoísmo y codicia, entonces reencarnaremos en una forma inferior. Esto se basa en la idea de que nuestras acciones en esta vida determinan nuestra posición en la próxima. Como tal, es importante vivir una buena vida y tratar a los demás con respeto si queremos lograr un mayor nivel de existencia en el próximo.

Diferencia entre el concepto occidental de reencarnación y la reencarnación yoruba

Hay muchas creencias diferentes sobre la reencarnación, y puede ser un tema complejo de entender. El concepto yoruba de reencarnación difiere de la visión occidental sobre el más allá. En la cultura yoruba, se cree que el alma permanece en el mundo físico después de la muerte y puede renacer en otra forma humana o animal. En general, el concepto occidental de reencarnación se basa en la creencia de que el alma renace en otro cuerpo después de la muerte. Por el contrario, el concepto yoruba de reencarnación se basa en la creencia de que el espíritu del individuo permanece en el mundo después de la muerte y puede reencarnarse en cualquier número de formas diferentes. No hay un concepto de cielo o infierno, y el enfoque está en vivir una buena vida para lograr una vida futura positiva. La visión occidental de la reencarnación a menudo se centra más en el ámbito espiritual, y la idea de que el alma puede renacer en otra forma humana o animal no siempre se enfatiza. Los yorubas también creen en el cielo y el infierno, y la vida futura de una persona depende de sus acciones en esta vida. Como resultado, los dos conceptos de reencarnación son bastante diferentes.

Diferencia entre el concepto budista de reencarnación y la reencarnación yoruba

En la creencia yoruba, la reencarnación es un ciclo continuo en el que el alma renace en diferentes cuerpos. No hay un número determinado de veces que una persona pueda renacer, y no hay un objetivo o destino final. En la cultura yoruba, la reencarnación es la creencia de que el espíritu de una persona puede renacer en otra persona o animal después de morir. El alma simplemente "se recicla" a través de diferentes vidas, aprendiendo y creciendo con cada nueva experiencia. Esta creencia contrasta fuertemente con el concepto budista de reencarnación, que lo ve como un proceso de progresión hacia el Nirvana. En el budismo, el alma nace en diferentes formas basadas en su karma y continuará renaciendo hasta que alcance un estado de perfección. En ese punto, será liberado del ciclo de renacimiento y alcanzará el Nirvana. Para los budistas, la reencarnación no es un ciclo interminable, sino un viaje con un objetivo específico. Esto es diferente del concepto yoruba de reencarnación, que sostiene que el espíritu de una persona renace en otra persona o animal después de morir. En la cultura yoruba, la reencarnación es la creencia de que el espíritu de una persona puede renacer en otra persona o animal después de morir. Esto se debe a que se cree que el espíritu es eterno e inmutable. En consecuencia, el espíritu puede existir en múltiples formas a lo largo del tiempo.

Por otro lado, el concepto budista de reencarnación sostiene que el espíritu de una persona renace en otra persona o animal después de morir. Esto se debe a que el espíritu no se considera permanente y está sujeto a cambios. En consecuencia, el espíritu solo puede existir de una forma a la vez. Si bien ambos conceptos de reencarnación difieren en sus creencias sobre la naturaleza del alma humana, ambos comparten la creencia de que el alma sobrevive a la muerte y puede renacer en otro cuerpo.

Diferencia entre el concepto hinduista de reencarnación y la reencarnación yoruba

Tanto en el hinduismo como en la cultura yoruba, el concepto de reencarnación es fundamental para la religión. Sin embargo, hay algunas pautas clave en que los dos sistemas de creencias difieren con respecto a este principio. Por un lado, los yoruba creen que una persona puede nacer de nuevo como un ser humano o un animal, mientras que los hindúes generalmente creen que una persona renace como otro ser humano. Además, los yoruba creen que el destino de una persona en su próxima vida está determinado por sus acciones en esta, mientras que los hindúes creen que el karma determina qué forma tomará una persona en su próxima vida. En la creencia yoruba, la reencarnación es un ciclo continuo en el que el alma renace en diferentes cuerpos. Este ciclo se conoce como "ayanju". A diferencia del hinduismo, donde se cree que el alma renace en una forma superior o inferior en función de su karma, en la cosmología yoruba, se cree que el alma renace en diferentes formas para obtener nuevas experiencias y aprender nuevas lecciones. Esto significa que el alma no necesariamente progresa o retrocede en cada vida, sino que simplemente se mueve a través de diferentes formas para crecer y desarrollarse. Como resultado, estas creencias diferentes pueden conducir a visiones del mundo y enfoques muy diferentes de la práctica religiosa.

Capítulo 10: Maldiciones ancestrales y cómo quebrarlas

Cuando alguien pronuncia la frase "maldición ancestral", puede pensar que está siendo figurativo. En realidad, una maldición ancestral es, por desgracia, un problema real que enfrentan muchas familias.

La comunidad africana explica que las maldiciones ancestrales se lanzan sobre un solo miembro de la familia. La maldición comienza a extenderse a otros a través de la persona maldecida. La persona maldecida se la pasa a sus hijos y luego sus hijos la siguen pasando. Lentamente toda la familia se convierte en portadora de esta desgracia.

Lanzar o quebrar una maldición ancestral es arriesgado. Incluso si alguien tiene experiencia en brujería, no significa que deba trabajar con este tipo de energía. La cantidad de energía que se necesita para maldecir a toda una familia es insondable, e interferir con ella es peligroso tanto para quien conjura como para quienes están involucrados. La misma lógica se aplica a los brujos que están tratando de quebrar la maldición. ¿Por qué? La cantidad de energía que se necesita para maldecir a toda una familia es la misma cantidad que se necesita para curarlos de su desgracia.

Este capítulo cubrirá informaciones relacionadas con este tema. Es mejor ser curioso y cauteloso que tratar de asumir la responsabilidad de lidiar con este tipo de magia. En última instancia, lidiar con este tipo de energía puede tener consecuencias que no había previsto.

Tipos de maldiciones

Todo el mundo experimenta desgracias de vez en cuando, pero ¿cómo puede diferenciar entre episodios aleatorios de mala suerte y una maldición generacional? La respuesta es simple y complicada.

La respuesta simple es que si ha observado que usted y su familia han estado sufriendo el mismo problema o que un patrón está dañando a sus seres queridos, entonces su familia probablemente esté maldecida.

Sin embargo, si quiere saber si son víctimas de una maldición generacional, primero debe saber a qué se enfrenta. Hay muchos tipos de maldiciones, y cada una se manifiesta de manera diferente. Una maldición podría afectar a una familia de una manera, y otra podría afectar de manera completamente diferente a otra. Necesita aprender sobre diferentes maldiciones y cómo afectan a las personas, y esto le dirá si está sufriendo una mala influencia o no.

Muslos rojos

La maldición de los muslos rojos hace referencia a mujeres que han sido maldecidas con maridos que no viven mucho tiempo. Esto significa que una mujer con esta maldición estará constantemente atrapada en un ciclo de dolor, y estará continuamente afligida por la muerte de su esposo.

Las mujeres bajo esta influencia no son las únicas víctimas, por desgracia. Sus hijas y maridos también son víctimas. Los maridos morirán poco después de casarse con la mujer. Por otro lado, las hijas heredarán la maldición de las madres. Esto significa que las hijas serán viudas que también podrían pasar la misma maldición a sus hijas.

Sin embargo, no termina aquí. La cosa se pone peor. Las mujeres con esta maldición no son solo viudas; también se enfrentan a la discriminación de su comunidad. Eventualmente, la sociedad notará las muertes recurrentes, y una vez que se haga evidente, la mujer maldecida tendrá cada vez menos amigos. Lo más probable es que pase toda su vida sin una pareja porque los hombres temerán por sus vidas.

Mal augurio

El blanco de malos augurios suelen ser los hombres. Se dice que cuando un hombre es maldecido con malos augurios, interrumpe y destruye cualquier cosa en la que fije su mirada. Por ejemplo, si un hombre maldecido toca a un niño, el niño podría enfermarse. Si el hombre juega con un animal, el animal podría enfermarse o morir. La maldición también interrumpe las relaciones sexuales del hombre con su esposa u otras mujeres. Esto hace que sea incómodo y desagradable disfrutar de su vida sexual.

La maldición también arruina sus relaciones y conexiones con los demás. Lo más probable es que este hombre ofenda inconscientemente a alguien o entre en discusiones por cosas que dice.

En resumen, la maldición del mal augurio no es mortal, pero hace que la vida sea desafiante y sofocante. Se dice que los hombres con esta maldición tienen más probabilidades de morir debido a las situaciones horribles en las que se encuentran a causa de la maldición. Hasta ahora, no ha habido ningún relato de hombres que murieran temprano a causa de esta maldición.

Hay, por supuesto, otros tipos de maldiciones, que se dirigen a personas específicas. Por ejemplo, cualquier hombre o mujer que profane la naturaleza o un árbol sagrado será maldecido. Pueden ser rechazados de la comunidad o se les puede prohibir recibir orientación con respecto a la brujería. También se dice que los hombres que violan o practican el incesto estarán maldecidos. Estas maldiciones se manifiestan de manera diferente porque quien conjura decide cómo castigar al individuo. Un hechicero podría dañar la tierra de otro, y otro podría hacer que alguien se vuelva infértil.

La delicada naturaleza de las maldiciones ancestrales

Hay muchas creencias en torno a la naturaleza de las maldiciones ancestrales. Algunos practicantes creen que solo se puede quebrar a través de hechizos. Otras brujas creen que quebrar las maldiciones generacionales se trata más de creencias personales. En otras palabras, uno no tiene que recurrir a lanzar hechizos para separarse del dolor que ha estado atormentando a su familia.

Para saber cómo deshacerse de las maldiciones, primero debe entender cómo funcionan. Los yorubas creen que la maldición pierde parte de su poder cuando el conjurador muere, pero aun así atormentará a la familia.

Los espiritistas de la nueva era creen que cuando una bruja lanza una maldición sobre una persona, viven toda su vida dedicando parte de su energía a esta maldición. Cuando mueren, la maldición muere con ellos. Sin embargo, cuando la familia maldecida comienza a hablar de ello, le dan poder. En cierto modo, la maldición vive a través de sus palabras y creencias. Cuanto más uno lo aborda, más control tiene sobre su vida. En otras palabras, la familia maldecida se convierte en la misma persona que los ha maldecido porque ahora le están dando energía.

Cómo quebrar las maldiciones generacionales

Los profesionales de hoy en día han ideado algunas soluciones que podrían separar a las personas de su maldición. Primero, dicen que si comienza a creer que puede romper un patrón negativo, ya ha comenzado a debilitar sus efectos.

En segundo lugar, quebrar una maldición generacional se puede hacer sin necesariamente lanzar un hechizo. Combatir un hechizo con esta cantidad de energía puede ser peligroso para todos los involucrados. Si desea saber más sobre cómo quebrar una maldición a través de medios seguros, a continuación encontrará algunas opciones.

El poder de los pensamientos y las creencias

Esta es una verdad universal: sus pensamientos y palabras tienen poder. Cualquier cosa en la que crea tiene una tremenda influencia sobre usted y su vida. Esto puede sonar como algo mágico, pero realmente no lo es. La forma en que percibe su vida y el conjunto de creencias que tiene, dan forma a su vida, ya sea que pueda verlo o no.

Una vez que crea que sus pensamientos, creencias y palabras tienen poder, puede comenzar a debilitar los efectos de la maldición. Al hacer esto, asume el control sobre la maldición. Puede hacer debilitar la maldición y sus efectos. Comience a hacer preguntas sobre la naturaleza de la maldición. Aléjese de la idea de la maldición tanto como sea posible.

Escriba una lista de afirmaciones que desvíen el poder de la maldición y empodérese tanto como sea posible. Intente repetir estas afirmaciones con la mayor frecuencia posible. Evite asociar los malos sucesos ocasionales con la maldición. Cualquier cosa que le suceda puede estar influenciada por muchísimos factores diferentes. Además, recuerde que a todo el mundo le pasan cosas malas todo el tiempo. No significa que estén maldecidos, y usted tampoco.

Cuanto más, mejor

Cuanto más rápido reconozca que hay poder en los números, más rápido se librará de su maldición generacional. ¿Cómo funciona esto? Es fácil. Si los pensamientos de un hombre son lo suficientemente poderosos como para cambiar el curso de su vida, entonces imagine si se tratara de un grupo de personas que se mueven hacia el mismo objetivo. ¿Qué cree que sucederá?

Todo lo que necesita hacer es reunir a los miembros de su familia. Aborde el problema de frente y sugiera que todos se reúnan y hagan sus afirmaciones. Envíelas al universo. Ore a los antepasados y pídales que lo ayuden a alcanzar su meta. Afírmese a sí mismo y a los demás que esta maldición no tiene poder sobre usted.

Una actividad que pueden hacer en familia es orar a los antepasados en un altar. Oren juntos como si fueran una sola entidad. Pida a los antepasados que lo ayuden a eliminar la negatividad que los rodea. Cuando haya terminado, imagine a los antepasados quebrando la maldición y pidiendo celebrar. Puede celebrar ofreciendo comida y bebidas a los antepasados para mostrar gratitud. A continuación, empiece a bailar y a cantar. Esto envía un mensaje a usted y al universo de que la maldición se ha quebrado. Cuanto más haga esto, menos sentirá los efectos de la maldición. Eventualmente, perderá su poder por completo y será libre.

Los rituales de afirmación también son poderosos. Les permiten afirmarse unos a otros que la maldición no tiene poder sobre ustedes. Sería mejor si dijeran razones lógicas por las que no están maldecidos. ¿Cuándo deberían hacer esto? Cada vez que usted o un miembro de su familia piense que la maldición causó un determinado evento, reúnase y diga en voz alta que no están maldecidos. Díganle al universo que usted y su familia son bendecidos. Asegúrense unos a otros que los antepasados los están protegiendo del peligro.

Perdonar al conjurador original es una solución final a la que pueden recurrir en familia. Esto, por supuesto, puede ser una tarea difícil. Sin embargo, vea el acto como una forma de empoderarse.

Puede discutir los resultados positivos que obtendrán como familia cuando perdonen al conjurador. Luego, intenten perdonar juntos. Intenten entender por qué lanzaron la maldición. Cualquiera que fuera su razonamiento, tal vez no era su derecho tomar el asunto en sus propias manos. Al perdonarlos, se liberan de su energía negativa hacia ustedes.

Rituales de limpieza

Si su energía ha sido contaminada con negatividad, entonces debe hacer una limpieza espiritual. Lo bello de la limpieza espiritual es que cualquiera puede hacerlo. No es necesario tantos conocimientos para elevar su energía. El proceso es sencillo y los resultados son profundos.

Para realizar un ritual de limpieza, necesita saber algunas cosas. En primer lugar, debe conocer el concepto de limpieza energética. En segundo lugar, debe saber qué ingredientes usar. En tercer lugar, elija algunos rituales de limpieza para hacer solo o con su familia.

1. Limpieza energética

La limpieza energética es básicamente reemplazar la energía negativa que se ha adherido a usted por una positiva. No puede elevar su energía con energía neutra o simplemente liberándose de la negatividad. Las energías negativas deben ser reemplazadas por otras más positivas.

Los ingredientes y rituales lo ayudarán a obtener más energía positiva. Sin embargo, si mantiene creencias negativas sobre usted mismo, entonces no llegará a ninguna parte. Recuerde empoderarse con pensamientos positivos mientras usa ingredientes sagrados que eliminarán cualquier negatividad que lo rodee.

2. Ingredientes

En el ámbito de la espiritualidad, hay varios ingredientes que puede usar para tener más energía positiva a su alrededor, especialmente si está alejando la energía no deseada de su vida.

Los ingredientes más potentes que puede utilizar son:

- Salvia
- Romero
- Sal marina
- Sal
- Agua bendita
- Albahaca

3. Rituales de limpieza

Hay diferentes rituales de limpieza que puede practicar. Empecemos por los más sencillos. Una cosa que puede hacer es limpiar su casa y su altar con ingredientes sagrados.

En primer lugar, desarme el espacio. Elimine todo lo que no necesita o le traiga infelicidad. En segundo lugar, si ha recibido algún objeto del conjurador que maldijo a su familia, deshágase del objeto. Si tiene regalos de brujas en las que no confía, deshágase también de ellos.

En tercer lugar, añada sal marina al detergente de limpieza que utiliza para limpiar el suelo. Frote el suelo con el agua salada. Mientras lo haga, imagine la negatividad evaporándose de su casa.

En cuarto lugar, queme un poco de salvia. Abra las ventanas antes de quemar la salvia, luego comience a moverse de una habitación a otra con la salvia. Mientras, imagine que el humo de la salvia limpia la energía de la casa. También puede añadir romero y albahaca a la mezcla.

A continuación, limpia su altar. Un altar limpio le dice a los antepasados que los respeta y aprecia su protección. Cuando haya terminado, rece para que lo protejan de cualquier energía no deseada.

Por último, haga un ritual de limpieza para usted. Vístase de blanco y rodéese de humo de salvia. A continuación, llene su bañera de agua y añádale sal marina. Añada unas gotas de aceite esencial de romero, pero tenga cuidado de no ser alérgico. Sumérjase en el agua y sienta cómo la negatividad abandona su cuerpo y es reemplazada por energía positiva.

Las maldiciones ancestrales son una gran desgracia, pero no tiene que sucumbir a su poder. Reconozca la cantidad de poder que usted y su familia tienen. Una vez que lo haga, la maldición tendrá cada vez menos poder sobre ustedes. No necesita recurrir a métodos peligrosos para deshacerse de las maldiciones. Puede probar cosas diferentes, y la mejor parte es que estos métodos han funcionado para otros, así que ¿por qué no le funcionarían a usted también?

En resumen, crea en usted y en su poder. Una vez que crea que la maldición no tiene control sobre su vida y comience a vivir de acuerdo con esta creencia, su vida comenzará a cambiar. No evite tener discusiones familiares con respecto a la maldición. Sí, puede ser un tema difícil o vergonzoso de abordar. Sin embargo, se debe hablar de ello para que usted y su familia lleven una vida mejor. Hay varias actividades que usted y su familia pueden hacer juntos para deshacerse de esta negatividad. Piense en esto a fondo y crea que tiene el poder de cambiar esta secuencia de eventos negativos.

Conclusión

La espiritualidad africana gira principalmente en torno a la familia, los linajes, la historia y la tierra. Es por eso que los yorubas están obsesionados con conceptos como la reencarnación, la veneración ancestral y la conexión con los orishás.

Observando de cerca las prácticas yoruba, encontrará que su sistema de creencias se basa en la historia de Nigeria. Los nigerianos tienen una inmensa gratitud por sus familias, por lo que los honran incluso después de la muerte. Construir altares y santuarios para honrarlos y comunicarse con ellos es su forma de recordarlos y mantenerlos cerca de sus corazones.

Los yorubas creen que hay vida después de la muerte terrenal. Y el espíritu sigue viviendo en otro reino. Cuando el alma se separa de su cuerpo, entra en un mayor estado de conciencia. Este estado elevado proporciona a los espíritus una gran sabiduría y poderes de los que carecían cuando eran humanos. El alma no olvida a quién amaba y con quién estaba conectada cuando estaba en la tierra. Es por eso que los yorubas saben que cuando los miembros de su familia mueren, se convierten en antepasados espirituales que los cuidan.

Cuando los yorubas mantienen los santuarios de sus antepasados y les rezan, los antepasados ven que están siendo apreciados y recordados. A cambio, los antepasados escuchan el llamado de su familia y responden a su manera.

La muerte no separa a los yorubas de sus seres queridos. Los antepasados están con ellos en espíritu, o también pueden reencarnarse como otra vida. Es posible que no vean a sus familias de la manera en que están acostumbrados, pero saben en sus corazones que sus seres queridos están vivos en el universo en alguna parte.

Las ofrendas, la oración, la adoración y la brujería desempeñan un papel importante en la cultura yoruba. En primer lugar, las ofrendas y la oración son la forma en que uno puede comunicarse con los orishás y los antepasados. Cuando los practicantes necesitan ayuda divina con sus vidas, humildemente piden a sus guías espirituales y antepasados que los ayuden. A menudo, los orishás llaman a los practicantes. Para mantener esta línea de comunicación abierta, uno necesita estar conectado con su vida espiritual. De lo contrario, no escuchará ni sentirá a sus guías espirituales.

En segundo lugar, la brujería abre una puerta directa entre el practicante, sus antepasados y los orishás. Por supuesto, este arte divino puede ser complicado al principio, pero la espiritualidad proporciona suficiente conocimiento para todos. Los sacerdotes ayudan a otros practicantes a encontrar su camino alrededor de ingredientes sagrados y oraciones poderosas. No se recomienda que los principiantes jueguen con hechizos complicados. Por otro lado, los novatos pueden practicar este arte divino cuando se les proporciona orientación y supervisión.

Aparte de los santuarios y las oraciones, el Odun Egungún es una herramienta poderosa para conectarse con los espíritus. Este festival es una reunión de energía humana y divina. Cuando los humanos dedican sus energías a sus antepasados, siempre ocurre algo extraordinario. Esta es la razón por la que ese día se revelan múltiples historias sobre espíritus. Honrar a los antepasados en privado es adoración, pero honrar colectivamente a los antepasados es un acto divino mucho más grande. El Odun Egungún le recuerda a los yorubas que siempre estarán conectados entre sí y con sus antepasados.

Glosario de términos yoruba

Las prácticas yoruba a menudo usan muchas palabras y términos desconocidos que pueden sonar extraños para los principiantes. Este capítulo resume todos los términos yoruba para ayudarlo a navegar por el libro. Puede usarlo a medida que avanza con la lectura.

Términos yoruba de uso común

- **Adetayanya:** grupo Egbe compuesto por niños que misteriosamente se sienten atraídos por basureros y harán todo lo posible para encontrarlos y permanecer cerca de ellos. Mencionado en el Capítulo 4.
- **Abiku:** niños que nacen muertos. En yoruba, este término se refiere a la interrupción del ciclo natural de la vida cuando una persona, independientemente de su edad, muere antes que sus padres. Mencionado en el Capítulo 4.
- **Ashé:** energía divina que cada espíritu posee o tiene la capacidad de aprovechar para el empoderamiento. Se puede obtener a través de diferentes prácticas yoruba, incluida la veneración ancestral. Mencionado en el Capítulo 1.
- **Aje:** conocidas como las otras madres, son mujeres sabias con poderes extraordinarios. Ayudan a realizar ceremonias, realizan adivinación y hacen que las personas las teman y las reverencien. Mencionado en el Capítulo 1.

- **Ajogún:** criaturas que representan fuerzas negativas de la naturaleza, y pueden causar todo tipo de percances en la vida. Mencionado en el Capítulo 1.
- **Akinori:** uno de los tipos de máscaras más populares que usan los bailarines de Odun Egungún. "Akinlari" significa "alguien que no se puede ver" en yoruba. Estas máscaras se utilizan en ceremonias y rituales realizados para proteger al usuario de los malos espíritus. Mencionado en el Capítulo 6.
- **Asípa:** grupo Egbe caracterizados por su capacidad de expresarse con claridad. Son vocales y misteriosos. Los asípa son difíciles de entender, tienen un sentido de grandiosidad y no son leales. Mencionado en el Capítulo 4.
- **Ayanmo:** ciclo de vida por el que pasa cada alma, según el pueblo yoruba. Mencionado en el Capítulo 9.
- **Ayala, también conocida como Babalú Ayé o Sopona:** La tercera línea ancestral que lleva el nombre de uno de los espíritus que se manifiesta como la Tierra y está fuertemente asociada con enfermedades infecciosas y curación. Mencionado en el Capítulo 5.
- **Baale:** grupo egbe a menudo considerado como una mezcla entre los Iyalode y los Eleeko, ya que se caracteriza por su capacidad de liderazgo y su tendencia a exhibir diversas personalidades. Se destacan por sus numerosos talentos. Mencionado en el Capítulo 4.
- **Babalawo:** sumos sacerdotes de los yoruba, que realizan diversas ceremonias, incluyendo ritos de iniciación y veneración ancestral. Su nombre se traduce como "el padre de los secretos", ya que pueden aprovechar la sabiduría divina a la que nadie más puede acceder. Mencionado en el Capítulo 1.
- **Changó, también conocido como Shangó, o Xangó:** dios de la tormenta y la iluminación y el hermano de Ogún. Se dice que fue un famoso guerrero yoruba que ascendió al estatus de orishá a través de la iluminación espiritual. Mencionado en el Capítulo 2.
- **Ebó, también conocido como ebbó:** término utilizado para los sacrificios y ofrendas hechas a deidades, antepasados y otros espíritus. Se puede presentar de muchas maneras, incluso colocando alimentos, bebidas, objetos y decoraciones en el altar

o liberando animales vivos. Mencionado en el Capítulo 3.

- **Egbe Orun, también conocido como "compañeros celestiales":** son espíritus que brindan asistencia, guía y protección durante la comunicación espiritual. Mencionado en el Capítulo 4.
- **Egún:** almas de los antepasados fallecidos o espíritus hacia los que usted se siente atraído. Pueden ser parientes consanguíneos o parte de su familia religiosa. Los guías espirituales y los espíritus animales se consideran egúns y se honran específicamente en ritos y ceremonias. Mencionado en el Capítulo 9.
- **Eleggua:** Eleggua, Eshú-Elegbará o Eleguá, es el guardián de la encrucijada de la vida. Según los yorubas, él es el orishá de las nuevas oportunidades y puede ayudar a llevar mensajes al reino espiritual. Sin embargo, es propenso a las travesuras, los engaños y el caos. Mencionado en el Capítulo 2.
- **Eleeko:** grupo egbe con miembros cuyo estado de ánimo es fácilmente influenciado por deseos abrumadores. Mencionado en el Capítulo 4.
- **Gelede:** máscara femenina usada en el Odun Egungún. Se asocia con el poder y la protección materna. Mencionado en el Capítulo 6.
- **Igba Didi:** ritual específico realizado para ayudar a remediar una conexión con Egbe Orun. A menudo se utiliza junto con Irari Egbe. Mencionado en el Capítulo 4.
- **Irari Egbe:** rito de iniciación para formar un pacto con la contraparte astral de una persona y ayudar a establecer una conexión con Egbe Orun. Mencionado en el Capítulo 4.
- **Iyalode:** sociedad de líderes egbe en el reino físico. Caracterizados por la calidad del liderazgo. Mencionado en el Capítulo 4.
- **Iyalawo:** contrapartes femeninas de Babalawo. Son sacerdotisas yorubas que realizan ceremonias, rituales y sesiones de oración, ofic015an ceremonias y tienen alta estima en sus familias. Mencionado en el Capítulo 1.
- **Jagun:** fraternidad egbe cuyo nombre significa "guerrero" debido a su implacabilidad y persistencia. Los miembros de este grupo son conocidos por su benevolencia, adaptabilidad y capacidad

para adaptarse a los demás. Mencionado en el Capítulo 4.

- **Moohun:** grupo de niños egbe que a menudo dudan mucho en hacer las tareas domésticas o hacer recados. Son perezosos y pueden ser muy reacios a la hora de tomar decisiones. Mencionado en el Capítulo 4.

- **Obatalá:** creador de los seres vivos y dios yoruba de la pureza. También conocido como Obàtálá, Orisha-Popo, Olufon, Orisanla, Orisala Orisha-Nla, Oshanla y Orishala. Olodumare le encomendó la tarea de habitar la Tierra. Está asociado con la fortuna, la fertilidad y el parto. Mencionado en los Capítulos 1 y 2.

- **Odun Egungún:** celebración de los antepasados y forma de honrar su presencia continua en la vida de las generaciones futuras. Mencionado en el Capítulo 5.

- **Ogún:** dios yoruba de las armas y la guerra. Patrón de los metalúrgicos, herreros y cazadores. Sus seguidores se llaman Abogun. También creó armas usando hierro y otros metales y a menudo se asocia con la justicia. Mencionado en el Capítulo 2.

- **Olodumare:** Dios supremo, Olodumare u Olorun, es el creador del mundo. Un ser sin género que vive en el reino celestial, supervisando la paz, la justicia y los caminos espirituales. Mencionado en el Capítulo 1.

- **Olokun:** dios yoruba del mar y el esposo de Elusu, está asociado con el océano, los ríos y el mar. Es rápido para enojarse y debe ser apaciguado con ofrendas frecuentes. Mencionado en el Capítulo 1.

- **Olugbogero:** grupo egbe asociado a aguas o ríos que fluyen libremente. Tradicionalmente, se cree que los Aabiku o niños nacidos muertos están relacionados con los Olugbogero. Mencionado en el Capítulo 4.

- **Oogun:** junto con isegún y egbogi, oogun representa un trío de poderes misteriosos asociados con la medicina y la magia. Los tres pueden facilitar la comunicación espiritual y la adoración ancestral. Mencionado en el Capítulo 1.

- **Ori:** palabra yoruba para la cabeza de una persona. El ori actúa como un recipiente para otro ori, que es una cabeza "interna" invisible. Este último se refiere al espíritu humano que es el

centro de la personalidad. Mencionado en el Capítulo 2.
- **Oriki:** poema de alabanza que a menudo se usa para venerar a los antepasados, orishás u otros espíritus. Describe sus personalidades, sus hechos más memorables y cualquier contribución que hayan hecho a su familia y comunidad. Mencionado en el Capítulo 8.
- **Orishá:** seres espirituales que supervisan a otras criaturas vivientes y responden a Olodumare. Poseen poderes que las personas pueden aprovechar para el éxito, el crecimiento espiritual, la comunicación, los ritos de iniciación, la adivinación, la curación y más. Mencionado en el Capítulo 2.
- **Orishá-Oko:** línea ancestral que representa la agricultura, la fertilidad y la naturaleza cíclica de la vida y la muerte. Mencionado en el Capítulo 5.
- **Orunmila:** deidad yoruba de la sabiduría y la profecía, ayuda a aquellos que buscan conocimiento espiritual. Ya sea que busque sabiduría espiritual a través de divinidades, antepasados u otros espíritus, Orunmila puede mostrarle el camino. Mencionado en el Capítulo 2.
- **Oso:** junto con oogun buburu y oogun ika, oso es un poder vinculado a la brujería. A menudo se usa para causar daño o impedir la comunicación y el crecimiento espiritual. Suele ser el resultado de una maldición ancestral. Mencionado en el Capítulo 1.
- **Osonga:** junto con el ojo y el aje, osonga es una fuerza misteriosa asociada con la brujería. Tiene connotaciones negativas, ya que a menudo está vinculada a maldiciones y otros actos maliciosos. Mencionado en el Capítulo 1.
- **Oso Ijoba:** celebración de máscaras tradicionalmente masculina en Odun Egungún. A menudo se asocia con la muerte y la fertilidad. Mencionado en el Capítulo 6.
- **Oshún:** diosa yoruba del amor, gobierna el amor, la sensualidad y la creatividad. También protege el río Oshún y facilita la intimidad y el amor en las relaciones. Mencionado en el Capítulo 2.
- **Las 16 verdades de Ifá:** lista de recomendaciones a seguir si quiere llevar una vida recta y obtener la iluminación espiritual.

También es una forma de veneración ancestral, como se menciona en el Capítulo 8.

- **Tunde:** se refiere al renacimiento espiritual, que permite al alma reunir más sabiduría espiritual. También puede significar el renacimiento simbólico después de la iniciación en la religión yoruba. Mencionado en el Capítulo 9.

- **Sango:** grupo ancestral yoruba que proviene del antepasado real de los yoruba. Puede manifestarse de diferentes maneras, incluyendo aira, agodo y lubé. Mencionado en el Capítulo 5.

- **Yemayá:** diosa yoruba del parto y el agua. Según los yorubas, tiene una personalidad fluida que cambia con las fases de la luna. Es la esposa de Obatalá y es conocida por los nombres de Iamanjie, Yemanjá, Yembo, Yemonjá, Yemojá y Yemowo. Mencionado en el Capítulo 2.

Vea más libros escritos por Mari Silva

Su regalo gratuito

¡Gracias por descargar este libro! Si desea aprender más acerca de varios temas de espiritualidad, entonces únase a la comunidad de Mari Silva y obtenga el MP3 de meditación guiada para despertar su tercer ojo. Este MP3 de meditación guiada está diseñado para abrir y fortalecer el tercer ojo para que pueda experimentar un estado superior de conciencia.

https://livetolearn.lpages.co/mari-silva-third-eye-meditation-mp3-spanish/

Referencias

Metalgaia. (27 de agosto de 2013). The Basics of Yoruba – An African Spiritual Tradition. Metal Gaia. https://metal-gaia.com/2013/08/27/the-basics-of-yoruba/

Wigington, P. (s. f.). Yoruba Religion: History and Beliefs. Learn Religions. https://www.learnreligions.com/yoruba-religion-4777660

Sawe, B. E. (17 de abril de 2019). What Is The Yoruba Religion? Yoruba Beliefs and Origin. WorldAtlas. https://www.worldatlas.com/articles/what-is-the-yoruba-religion.html

Africa Update Archives. (s. f.). Ccsu.Edu.

Anzaldua, G. (2009). Yemayá. En A. L. Keating, W. D. Mignolo, I. Silverblatt y S. Saldívar-Hull (Eds.), The Gloria Anzaldúa Reader (pp. 242–242). Duke University Press.

Beyer, C. (11 de junio de 2012). The Orishás Learn Religions. https://www.learnreligions.com/who-are-the-orishás-95922

Beyer, C. (14 de junio de 2012). The Orishás: Orunla, Osain, Oshun, Oya, and Yemaya. Learn Religions. https://www.learnreligions.com/orunla-osain-oshun-oya-and-yemaya-95923

Brandon, G. (2018). orisha. En Encyclopedia Britannica.

Celebrate eleguá~eshu, Orisha of Destiny. (26 de septiembre de 2022). New York Latin Culture Magazine TM; New York Latin Culture Magazine. https://www.newyorklatinculture.com/elegua-orisha-of-the-crossroads/

Beyer, C. (27 de julio de 2012). Ebbos in Santeria - Sacrifices and Offerings. Learn Religions. https://www.learnreligions.com/ebbos-in-santeria-sacrifices-and-offerings-95958

Borghini, K. (9 de junio de 2010). Offerings and sacrifices: Honoring our ancestors helps us give thanks. Goodtherapy.org Therapy Blog.

https://www.goodtherapy.org/blog/offerings/

Cuba, A. pa mi. (26 de julio de 2020). How to invoke Obatala? Prayers and prayers to the Orisha. Ashé pa mi Cuba. https://ashepamicuba.com/en/como-invocar-a-obatala-oraciones-y-rezos-al-orisha/

Dokosi, M. E. (20 de marzo de 2020). How Orisha veneration by the Yoruba and Ewe crossed over as Santería in the Americas. Face2Face Africa. https://face2faceafrica.com/article/how-orisha-veneration-by-the-yoruba-and-ewe-crossed-over-as-santeria-in-the-americas

Egbe Òrun Complete. (s. f.). Scribd. https://www.scribd.com/document/494770885/Egbe-Orun-Complete

Febrero. (9 de febrero de 2017). Classes of egbe (heavenly mate of every human). Blogspot.com. https://fayemioye.blogspot.com/2017/02/must-read-classes-of-egbe-heavenly-mate.html

Noviembre. (14 de noviembre de 2017). Ways to communicate to egbe effectively. Blogspot.com. https://fayemioye.blogspot.com/2017/11/communicate-with-egbe-through-these.html

Onilu, Y. (29 de mayo de 2020). EGBE: "spiritual doubles" or "heavenly comrades." Jefe Yagbe Awolowo Onilu; Yagbe Onilu. https://yagbeonilu.com/egbe-heavenly-mates/

Agbo, N. (9 de febrero de 2020). Significance of Egungún in Yoruba cultural history. The Guardian Nigeria News - Nigeria and World News; Guardian Nigeria. https://guardian.ng/life/significance-of-egungún-in-yoruba-cultural-history/

Issa, N. M., Tomé, J., Sturgeon, L. y Coyoli, J. S. (s. f.). Oro a egún. ReVista. https://revista.drclas.harvard.edu/oro-a-egún/

LibGuides: African Traditional Religions: Ifa: Appendix B: Categories of spiritual forces; Spiritual forces; And praise names. (2021). https://atla.libguides.com/c.php?g=1138564&p=8385027

Egungún Masquerade Dance Costume: Ekuu Egungún. (s. f.). Africa.si.edu. https://africa.si.edu/exhibits/resonance/44.html

Kalilu, R. O. R. (1991). The role of sculptures in Yoruba egungún masquerade. Journal of Black Studies, 22(1), 15–29. https://doi.org/10.1177/002193479102200103

United Nations High Commissioner for Refugees. (2002). Refworld: Information on refugees and human rights. Naciones Unidas.

How to build an Ancestor (Egún) shrine. (20 de septiembre de 2017). Ayele Kumari, PhD / Jefe Dr. Abiye Tayese. https://ayelekumari.com/ifayele-blog/how-to-build-an-ancestor-egún-shrine/

Kule, P. (28 de diciembre de 2010). How to create a spiritual altar. HubPages. https://discover.hubpages.com/religion-philosophy/How-to-Create-a-Spiritual-Altar

Ancestor veneration: What is it, and why is it important? (s. f.). Urban Lotus Jewelry. https://www.urbanlotusjewelry.com/blogs/musings/how-to-connect-with-your-ancestors

16 Truths of IFA. (4 de diciembre de 2013). Templo Oyeku Ofun. https://oyekuofun.org/16-truths-of-ifa/

How to Connect to Your Ancestors. (s. f.). RoundGlass. https://roundglass.com/living/meditation/articles/connect-to-your-ancestors

Akin-Otiko, A. (s. f.). The reality of reincarnation and the traditional Yoruba response based on odù ifá. Uwi.edu. http://ojs.mona.uwi.edu/index.php/cjp/article/viewFile/4627/3382

Anālayo, B. (s. f.). Rebirth and the west. Buddhistinquiry.org. https://www.buddhistinquiry.org/article/rebirth-and-the-west/

Cheng, C. (s. f.). Reincarnation in Hinduism. Emory.edu. https://scholarblogs.emory.edu/gravematters/2017/02/17/reincarnation-in-hinduism/

Wachege, P. (s. f.). CURSES AND CURSING AMONG THE AGĨKŨYŨ: SOCIO-CULTURAL AND RELIGIOUS BENEFITS.

Why Generational Curses Are So Hard To Break And How To Do It. (s. f.). The Traveling Witch. https://thetravelingwitch.com/blog/why-generational-curses-are-so-hard-to-break-and-how-to-do-it

www.ingramcontent.com/pod-product-compliance
Lightning Source LLC
Chambersburg PA
CBHW072153200426
43209CB00052B/1163